The skills of top-quality meeting

［最高品質の
会議術］

Maeda Kamari

前田鎌利

ダイヤモンド社

はじめに

「会議の品質」が
チームの生産性を決める

「会議術」はマネジャー必須のスキル

　課長クラス以上のマネジャーにとって「会議術」は、チームの生産性を上げるために必須のスキルです。

　会議とは、「関係者が集まって相談をし、物事を決定すること」（『大辞泉』小学館）。つまり、「物事を決定すること」＝「意思決定」こそが会議の本質ということです。そして、現場のメンバーがプロジェクトを前に進めるためには、組織的な意思決定が不可欠。「生産性を上げよう」と現場を激励する前に、マネジメント・サイドがスピーディかつ精度の高い意思決定をしなければならないのです。

　であれば、マネジャーが「会議の品質」を高めることによって、「意思決定の品質」を高めるスキルを磨かなければならないのは、当然の理というべきでしょう。

　ところが、私たちには「会議術」を体系的に学ぶ機会がほとんどありません。だから、どうすれば「会議の品質」を上げることができるのか、手探りを続けているマネジャーも多いと思います。

私自身がそうでした。ソフトバンクモバイル（現ソフトバンク）ではじめてマネジャーに昇格したときには、「どうしたらいいのか？」と頭を抱えそうになったものです。
　何しろトップは孫正義社長（現代表取締役会長兼社長）ですから、矢継ぎ早にやるべき仕事が降りてくるうえに、現場では解決すべき課題が次から次へと持ち上がります。それら一つひとつに対して、スピード感をもって意思決定をしていかなければならないのですが、会議をうまく運用する技術がありませんでしたから、プロジェクトをスムースに動かすことができず、メンバーからは不信感をもたれ、上層部からは強く叱責されたこともありました。このままではダメだ……。こうして、否応なく、私は「会議の品質」を高めるために、試行錯誤を繰り返すようになったのです。

「最速PDCA」を回す会議術

　まず注力したのは、チーム内で行う会議です。
　ここで最も効果的だったのは、「意思決定に必要な条件は何か？」をメンバー間で共有することです。会社で意思決定を行うためには、「利益を生むか？」「実現可能か？」「企業理念と合致するか？」など、いくつかのクリアしなければならない条件があります。逆に言えば、この条件をクリアしていれば、即座にGOサインを出すことができるわけです。
　そこで、私は、すべてのメンバーに機会あるごとに「意思決定に必要な条件」を何度も伝えて、会議に何かを提案するときには、必ずそれらの条件をクリアしていることを、明確な根拠（データ）とともに示すことを徹底してもらいました。提案内容を考える段階で、品質をできるだけ高めてもらうようにしたのです。
　そして、その内容を「1枚の提案サマリー」にまとめ、会議の場で手短かにプレゼンできるように指導。つまり、メンバーの「社内プレゼン力」の向上を図ったのです。

一方、会議のやり方も抜本的に変えました。

　定例会議に1時間を取ることが慣例化していましたが、これを基本的に30分に短縮。提案書の事前提出を徹底させ（意思決定に必要な条件を満たしていないものは、この時点で差し戻し）、会議では3分以内でのプレゼンを義務づけました。

　そのうえで、意思決定というゴールに向けてまっしぐらに議論を深めていきます。ここでも、プレゼンとディスカッションを合わせて15分以内という制約を設定。限られた時間であっても、メンバー全員が「意思決定に必要な条件」を共有していれば、議論がムダに拡散することもなく、的を射たものになります。むしろ、時間を限るからこそ、メンバーは集中力を切らさずに質の高い議論ができるのです。

　そして、議論を通じて提案内容を多角的に検証することでブラッシュアップ。最終的には、マネジャーである私が採否を決するわけですが、このプロセスを踏むことによって、自動的に意思決定の精度は上がります。こうして、最速で精度の高い意思決定が可能になるプロセスを確立。さらに、これをもとに最速のPDCAを回すことで、生産性の向上を図ったのです。

　この会議手法がうまく回り始めると、チームの意思決定回数が倍増。それに比例して、チームの生産性もどんどん高まっていきました。それに関心をもった社内のマネジャーから、社内プレゼンのやり方や会議術を教えてほしいと頼まれることも増えていったのです。

「上層部の会議」を攻略する

　ただし、チーム会議を改善するだけでは十分ではありません。

　なぜなら、マネジャーの権限において意思決定できることであれば、チーム会議で完結することができますが、課長クラスであれば、その権限領域は

非常に限られているからです。チーム会議で決定した案件を、上層部に認めてもらわなければ、意思決定が完結しないケースが非常に多いのです。

私も、ここで何度も躓きました。せっかく、メンバーが一生懸命考えてくれた提案を、私の力不足で「上層部の会議」で差し戻されてしまえば、その間、プロジェクトを動かすことができないうえに、メンバーに二度手間三度手間をかけることになってしまいます。それでは、チームの生産性が低下するうえに、メンバーからの信頼までも失いかねません。

だから、そのような事態をできる限り少なくするために、常日頃から万全の準備を整えるように心がけるようになりました。直属の上司との信頼関係を盤石なものにするとともに、他部署との協力関係を築くことによって、社内における信頼を勝ち取る。「経営会議」に参加するチャンスをつくり、そこでの意思決定のプロセスを観察する……。そのような努力を重ねることで、何度も失敗をしながらも、少しずつ「上層部の会議」において一発でGOサインを勝ち取るコツを身につけていったのです。

「最高品質の会議術」がキャリアを拓く

これができるようになると、状況は劇的に変わっていきました。まず、チームのメンバーたちのモチベーションの向上です。自分たちの提案が次々に実現していくわけですから、仕事が面白くなるのも当然。そして、意欲的に仕事に取り組むからこそ、生産性が上がり、成果も上がりやすくなる。その結果、さらにモチベーションを高めるという好循環が回り始めたのです。

さらに、私のチームの意思決定スピードが速く、生産性も高いことを見込んだ上司が、上層部から有望な事業を引っ張ってきて、私のチームに任せてくれるようになりました。こうなると、他部署の若手も「前田さんのところに行けば面白い仕事ができる」と、私のチームに異動願いを出してくれるようになりますから、やる気があって優秀なメンバーが増加。新規事業でも、次々と成果を生み出すことができるようになっていったのです。

そして、上層部の評価を勝ち得た私の上司が出世するにともない、私も新しいステージに引き上げていただくことができました。しかも、ちょうどそのころ立ち上がった、ソフトバンクグループ孫正義社長の後継者育成機関である「ソフトバンクアカデミア」の第1期生にも選抜。孫社長に直接プレゼンした事業提案が評価され、グループ会社の役員を兼務するなど仕事の幅を大きく広げることができたのです。
　こうして、私のキャリアは拓けていったのですが、その出発点には、試行錯誤しながら磨き上げた「会議術」があったのです。

　本書は、私が実践を通して確立し、ソフトバンク在職時に効果を実証した「最高品質の会議術」をまとめたものです。
　私は、2013年にソフトバンクモバイル（現ソフトバンク）を退職。独立後に出版した『社内プレゼンの資料作成術』（ダイヤモンド社）が10万部を超えるヒットとなったこともあり、ソフトバンク、ヤフー、ベネッセコーポレーションをはじめ数多くの企業から「社内プレゼン」の研修を依頼されてきました。社内の意思決定スピードを上げたいというのが皆様の動機でしたが、研修も終盤に差し掛かると、実に多くのマネジャーの方々から「会議術についても教えてほしい」との要望をいただきました。
　そこには、「なんとか自分のチーム、さらには会社の意思決定スピードを上げて、生産性を最大化したい」という切実な思いが込められていました。その思いに応えるために、この本をまとめた次第です。
　本書を参考に「会議術」を磨いていただき、メンバーの力を最大限に引き出すとともに、ご自身のキャリアを大きく切り拓いていただければ、それに勝る喜びはありません。

2018年3月　前田鎌利

CONTENTS

はじめに 「会議の品質」がチームの生産性を決める　2
- 「会議術」はマネジャー必須のスキル　2
- 「最速PDCA」を回す会議術　3
- 「上層部の会議」を攻略する　4
- 「最高品質の会議術」がキャリアを拓く　5

第1章 会議の対価は「意思決定」である　17

LESSON 01
「会議のパフォーマンス」を最大化する基本　18
- 会議は「1円」たりとも生み出さない　18
- 「会議のコスト増」が生産性を下げる　19
- 会議は「情報共有の場」ではない　20

LESSON 02
自分の「意思決定権限」を把握する　23
- 企業において「会議」が不可欠な理由　23
- 部下が自ら「何をするか?」を考えるのが望ましい　24
- 「権限規定」には書いていないルールが重要　26

LESSON 03
「70点の意思決定」を最速で行う　29

- 「意思決定」はスピードが命　29
- 意思決定に100％の精度を求めない　30
- 意思決定回数「増」＝「高」品質の会議　32

LESSON 04

「少人数ミーティング」が効率化のカギ　34

- 「定例会議」にかける議題を最少化する　34
- 定例会議を「責任回避」に使ってはならない　35
- フットワークの軽さが「意思決定力」を高める　36

LESSON 05

「定例会議」の5つのポイント　38

- 「同じ場」を共有する会議はチームに不可欠　38
- 定例会議は「週1開催」でチームのエンジンとする　39
- 「企業理念」をメンバーに浸透させる　40
- チーム目標は「月次」で確認する　43
- メンバーを「観察」する余裕をもつ　44

第2章 「30分会議」の設計図　45

LESSON 06

定例会議は「30分」が原則である　46

- 「会議は1時間」という認識が生産性を下げる　46
- 人間の集中力は「15分周期」である　47
- 「インプット15分＋アウトプット15分」の2部構成　48
- 時間制約があるから「会議の品質」は上がる　50

LESSON 07

「議題の事前提出」で会議をコントロールする　51

- 議題の「事前提出」を徹底する　51
- 「提案内容」の水準を高める　53
- 議題の「優先順位」はこのマトリクスで決める　53
- 日常の「プロジェクト管理」が大切　55

LESSON 08

「進捗確認」はこのフォーマットを使う　56

- スケジュールは「統一フォーマット」を使う　56
- 進捗確認は「色」で行う　57
- 進捗遅延を「責める」のは厳禁　60

LESSON 09

「報告＋ネクストステップ」を徹底する　61

- 「ネクストステップ」のない"報告"は認めない　61
- 報告はPDCAの「繋ぎ目」である　63
- 「ネクストステップ」は部下自身に考えさせる　63
- 「自分の頭で考える」から会議は成立する　65

LESSON 10

「何を決めるのか？」を明確にする ... 67
- 「議題」「議事録」は一つのフォーマットでOK ... 67
- 「情報共有メール」は要点を端的に ... 69
- 「議題」「概要」は箇条書きが原則 ... 70
- 議事録は「3つの要素」だけでOK ... 71

第3章 会議を変える「1枚のサマリー」 ... 73

LESSON 11

「1枚のサマリー」で提案をまとめる ... 74
- 「提案書」を変えれば「会議」は変わる ... 74
- 「提案書」はフォーマット化する ... 75
- 会議では「要点→詳細」を徹底する ... 77

LESSON 12

「ワンテーマ」に絞ってシンプルな議題にする ... 80
- 「複雑な意思決定」はできるだけ排除する ... 80
- テーマを小分けにして「意思決定スピード」を上げる ... 81

LESSON 13
「ロジック」をメンバーで共有する　84
- サマリーは「現状分析＋提案」で構成する　84
- 会議の品質を高めるたったひとつの「ロジック展開」　86
- 「なぜ？」「だから、どうする？」「すると、どうなる？」　87

LESSON 14
「結論＋根拠」でロジカルな議論を徹底する　90
- 「詳細情報」はアペンディックスに回す　90
- 「結論＋根拠」がロジカルな議論の基本　91

LESSON 15
「これ」でPDCAを最速で回す　95
- KPIが意思決定の「判断軸」である　95
- 「数値」「時期」「タイミング」を必ず明記する　96

LESSON 16
「意思決定」の3大ポイント　99
- 「本当に利益をもたらすのか？」という財務的視点　99
- 「より多く」「より速く」が判断基準　100
- 「現場でうまく回るのか？」という実現可能性　102
- 「企業理念」に合致しているかどうか？　103

LESSON 17
資料は「13文字以内」の「箇条書き」が原則　105
- 「文章で書かれた資料」はムダの塊　105

- 「箇条書き」こそがロジカルな表現 ... 106
- 資料を「読ませて」はならない ... 107
- 「箇条書き」は思考力のトレーニングにもなる ... 109

LESSON 18

紙ベースよりデジタルベースの会議が効率的 ... 110
- デジタルベースで「コスト大幅カット」 ... 110
- デジタルベースで「会議の品質」も向上 ... 111

第4章
会議を活性化する「対話術」
... 115

LESSON 19

2つの「ブレスト会議」を使い分ける ... 116
- 「アイデア会議」と「Q&A会議」 ... 116
- ブレスト会議も「30分」が原則 ... 117
- ブレスト会議の参加人数は「7±2」 ... 118
- ブレスト会議では「否定」しない ... 120

LESSON 20

「アイデアの連鎖」が始まる会議の技術 ... 122
- できるだけ「他部署の人物」を巻き込む ... 122
- 「付箋」を使ってアイデアを出す ... 123

- 「30分」を「10分×3」で分割する　124
- ディスカッションは「同じ方向」を向いて行う　126

LESSON 21

「Q＆A会議」で提案を磨き上げる　128
- 「Q＆A会議」で社内合意を得る　128
- 「意見」ではなく「質問」を求める　129
- 「質問＋回答」を交互に行う　130
- 建設的な「コメント」で新しい発想が生まれる　133
- 「Q＆A会議」のフォローが重要　134

LESSON 22

マネジャーは「話す」より「聞く」　136
- 日頃のコミュニケーションが「会議の品質」を決める　136
- 「ヒト」ではなく「コト」に向き合う　137
- １on１ミーティングがすべての基本　139
- 「自走するメンバー」を育てるコツ　140
- 「指示」より「質問」を基本とする　141

LESSON 23

会議で質問する「4つの観点」　142
- 「それは事実か？」「なぜ、そうなるのか？」　142
- 「論理的に正しいか？」「意思決定できるか？」　143
- メンバーの真意を教えてもらう姿勢が大事　144
- マネジャーは「答え」を知らない　146

LESSON 24

「ファシリテーション」はメンバーの持ち回り　148
- 定例会議は「最終チェック」の場　148
- 「意思決定者」はファシリテートしてはならない　149
- 「ファシリテーションの難しさ」を知ると協力的になる　150

LESSON 25

意思決定とは「決めて断つ」ことである　152
- 会議では「ポーカーフェイス」に徹する　152
- 「多数決」は意思決定ではない　153
- 「決断から逃げること」がもたらす損失　154
- とことん「目標達成」にこだわり抜く　155

第5章
上層部の意思決定を「攻略」する　157

LESSON 26

上司とのミーティングで「信頼」を勝ち取る　158
- マネジャーの最も本質的な役割とは？　158
- 直属の上司からの「信頼」がすべての基本　159
- 「自分の権限内」の判断についても報告する　160
- 上司を絶対に驚かせてはならない　161
- 上司の「悩み」を把握する　162

LESSON 27
「コミュニケーション」は上司に合わせる　164
- 「上司はクライアント」と割り切る　164
- 「論理型」には単刀直入に話す　165
- 「独創型」には自由に話してもらう　167

LESSON 28
部の定例会議で「存在感」をつくる　169
- 遠慮はするな、謙虚であれ　169
- メンバーから入手する「現場情報」が武器　171
- プレゼンは「駆け抜ける」　172
- 他の課長のプレゼンは「ロジカルに傾聴」する　172

LESSON 29
会議で部下の「プロモーション」をする　174
- 「部下プロモーション」で生産性が上がる　174
- 会議は絶好の「部下育成の場」である　175
- 部下の成長が「自分のキャリア」を拓く　176

LESSON 30
「チーム・プロモーション」の最も効果的な方法　178
- 定期的に「アウトプット」を出し続ける　178
- 「チームの動き」を長期スパンで俯瞰する　178
- スケジュールに「余白」をもつ　179
- 「先を見通す力」がマネジャーを強くする　181
- 後任候補に仕事を任せて「身軽」になる　182

LESSON 31
「経営会議」では上司のフォローに徹する ... 183
- 経営会議に同席するチャンスのつくり方 ... 183
- 「プレゼン資料」に万全を期す ... 184
- 「課長に求められている役割」に徹する ... 184
- 経営陣に生々しい「現場の情報」を伝える ... 185

LESSON 32
「経営会議」で体得すべき3つのポイント ... 187
- 経営会議で最大限に「視座」を高める ... 187
- トップの意識がどこを向いているか? ... 188
- 「社内政治」の動向を把握する ... 189
- 経営陣の「意思決定」のポイントは何か? ... 190

LESSON 33
「社内ネゴシエーション」で生産性を最大化する ... 191
- 「社内ネゴシエーション」を敬遠するのは愚か ... 191
- 「返報性の法則」を意識した言動に徹する ... 192

LESSON 34
"会議ジプシー"にならない方法 ... 194
- 「タスクブロック」で自分の時間を確保する ... 194
- 「会議時間の主導権」を握る ... 195
- 「出ない会議」を見極める ... 196

おわりに　すべての根源には「志」がある ... 198

カバーデザイン／奥定泰之
本文デザイン・図版作成・DTP／TYPEFACE（谷関笑子）
編　集／田中　泰

第 1 章

会議の対価は「意思決定」である

LESSON 01

「会議のパフォーマンス」を最大化する基本

会議は「1円」たりとも生み出さない

　会議について考えるうえで、まず第一に押さえておかなければならないことがあります。それは、会議そのものは「1円」たりとも生み出さないということです。成果を生み出すのは、常に現場の活動。生産性を上げるカギは、現場の活動の効率を上げるとともに、活動量を増やすことにあるのです。

　むしろ、会議とはコストそのものです（図1-1）。会議時間中の参加者全員の人件費はもちろん、会議のための資料づくり、会議のための会議など、つい忘れてしまいがちなコストもかかっています。

　ざっくり試算してみましょう。

　マネジャーを含めて11人のメンバー（平均年収500万円・時給換算2500円）がいるとして、毎週1時間の定例会議で1回につき人件費だけで2万7500円。年間45回開催で123万7500円。さらに、会議室代、電気代、会議に用いる機材費、資料作りの人件費等々を含めると、直接人件費の約2倍になるという試算もありますから、年間総経費を247万5000円と見積もることができます。

　このコストを回収するためには、利益率20％の会社の場合、247万5000円÷20％＝1237万5000円の売上が必要ということになります。11人のチームの会議コストを回収するだけでこの数字。驚きを覚える方もいらっしゃるはずです。

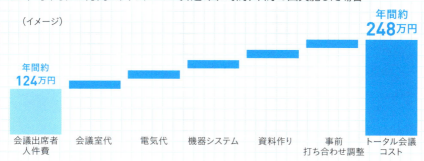

図1-1 会議にかかるコスト試算

利益率20%の会社でチームの年間会議コストを回収するには
1238万円の売上が必要！

「会議のコスト増」が生産性を下げる

　それだけではありません。

　会議に多くの時間・労力などのリソースを投入するということは、それだけ、成果を生み出す本来業務に割くリソースが減るということにほかなりません。

　その結果、生産性が下がるだけではなく、残業代などの追加コストがかさむことによって利益が圧縮されるうえに、メンバーが疲弊しモチベーションを下げるという悪循環を生み出すことになります。

　にもかかわらず、メンバーに「何の意味があるのか？」「参加しているだけで疲れる」と思われるような会議を漫然と続けていれば、チーム運営は危機に瀕することになりかねません。そして、社内にそのような会議が蔓延していれば、いずれ会社そのものが危機的状況に陥るに違いありません。会議

は、そんな"危険"な存在なのです。

　このような事態を避けるためには、「会議の品質」を上げるほかありません。すなわち、会議にかけるコストを最小化し、会議によってもたらされるリターンを最大化する必要があるのです。そのためには、「会議によってもたらされるリターンとは何か？」を明確にしておくことが不可欠。そして、そのリターンを得るために必要不可欠なコストだけを会議に投入する。これが、「最高品質の会議術」を考える第一歩なのです。

会議は「情報共有の場」ではない

　では、「会議によって得られるリターン」とは何でしょうか？
　答えはシンプルです。会議とは、「関係者が集まって相談をし、物事を決定すること」（『大辞泉』小学館）ですから、会議のリターンとは「意思決定」にほかなりません。
　注意が必要なのは、本来、意思決定とは、その権限をもつマネジャーがひとりで行ってもいいものだということです。にもかかわらず、「関係者が集まって相談」をするというコストをかけるのは、関係者の周知を集めることによってよりよい意思決定ができるからです。
　つまり、意思決定というリターンを最大化するという目的以外に、「関係者が集まる」というコストをかけるのはムダだということ。ですから、「会議の品質」を高めるためには、意思決定にかかわらない要素は、可能な限り排除することから着手する必要があるのです。

　たとえば、情報共有のための"会議"です。
　私はかつて、売上などの数値が羅列されたエクセルシートを配布して、延々とそれを読み上げる"会議"を見たことがあります。せめて、読み終わったあとに、トップから今後の方針についての話でもあれば、まだ理解できる

図1-2　会議からできる限り排除すべきもの

	内容	ツール	手法	理由
情報共有	通達・連絡関連	紙 データ	メンバーで読み合わせ	・全員で一堂に会して理解する必要がない ・読めば理解できる
報告	進捗報告			
	結果報告			

のですが、それもなく、そのまま解散。これは、あまりにも非生産的です。

　情報共有であれば、クラウドにデータを置いたり、メンバーにメールなどでデータを配布すれば済むことです。もちろん、数値が悪化している局面などにおいては、数値を共有したうえで状況を打開する方針を伝えるための会議を行う必要性が生じることもあります。しかし、平常時において、定期的にメンバーを集めて情報共有のためだけに会議をするのは、明らかに投資効率が悪いと言わざるを得ません。

　伝達もそうです。

　経営方針やチームの目標などを伝達するために、全メンバーを集める会議を開くのは重要なことですが、平常時の定例会議で伝達に過剰な時間を費やすのはあまり意味があるとは思えません。

　もちろん、経営層において新たに決定した事項や、総務的な案件で現場に

徹底させなければならない事項など、伝達事項は随時発生しますが、これらはメール等で伝達するのを基本にすべきです（Lesson10参照）。

そして、定例会議の場では、伝達事項の要点を箇条書きにした資料を提示し注意を促すとともに、そのなかで特に重要な事項のみを口頭で説明すれば十分。伝達のみを目的とする会議は必要最小限に留めるとともに、定例会議において、伝達に費やす時間を最小限にする工夫をするべきなのです（図1-2）。

本来、会議とは、「上」から「下」に情報を伝達するために行うものではありません（それは「報告会」などと称するべきでしょう）。わざわざ高いコストを払ってメンバーに集まってもらうのは、彼らの頭脳を借りるためなのです。

一人ひとりが有している知識、経験、情報などを総動員して、よりよい「意思決定」に近づける。そして、全員が当事者としてディスカッションに参加することによって、意思決定に対するコンセンサスやコミットメントを深めてもらう。それこそが、会議を行う本質的な目的なのです。

だから、それ以外の理由で、"会議"と称してメンバーの貴重な時間・労力を奪ってはなりません。そして、最小のコストで最高の意思決定を行うために、会議をどうデザインするのかを考えるのが、マネジャーの大切な仕事なのです。

自分の「意思決定権限」を把握する

企業において「会議」が不可欠な理由

意思決定とは何か？

会議について考えるうえで、この問題を避けてとおることはできません。会議の目的は意思決定なのですから、当然のことです。ここを押さえずして、「会議の品質」を高めることは100％不可能と言ってもいいでしょう。

まず、意思決定の定義を確認しておきましょう。『大辞林』（三省堂）には、「ある目標を達成するために、複数の選択可能な代替的手段の中から最適なものを選ぶこと」とあります。

これは、プライベートにおける意思決定も含む定義です。卑近な例を言えば、「今日のランチを何にするか？」を決めるのも意思決定。「お腹を満たす」という目標を達成するためにカレーやそばなど「選択可能な代替的手段の中から最適なものを選ぶ」というわけです。

この場合、個人の行動を個人が選択するわけですから、意思決定から行動までのプロセスは、その個人のなかで完結します。つまり、誰の意見も聞かず、誰にも相談せずとも、個人の判断で決めればいいわけです。

ところが、企業の意思決定はそうはいきません。

そもそも、企業においては、基本的にすべての意思決定の権限は社長（CEO）あるいは取締役会に属すると考えられます。しかし、実際にすべての意思決定を社長・取締役会が下すことは現実的ではありませんし、きわめ

て非効率的ですから、社長→取締役→部長→課長→社員という形で意思決定権限を委譲するわけです（図2−1）。

　そして、意思決定者が決定したことを実行するのは部下です。社長の意思決定を受けて、各取締役は担当領域における実行責任を負い、以下、業務の細分化に合わせて、部長、課長へと実行責任が振り分けられます。最終的には、課長の意思決定に基づいて、現場のメンバーが具体的な業務を実行する。このように、常に責任者が意思決定を下し、その部下が実行するという形をとるわけです。

　ここに、企業において会議が不可欠な理由が存在します。意思決定者と実行者が分離しているからこそ、両者が意思疎通を図ることによって認識を共有しなければ、企業体として一貫した活動を行うことができないからです（図2−2）。

　また、各階層の意思決定者は、上位層から「方向性」は与えられているものの、それぞれの「持ち場」で具体的にどのように意思決定すべきかという「答え」はもっていません。だからこそ、実行者である部下とコミュニケーションを取りながら「最適解」を見出すために、会議というプロセスが不可欠なのです。

部下が自ら「何をするか？」を考えるのが望ましい

　さらに、私はこう考えています。

　本来、実行者自らが「何をやるのか？」を考えるのが最も望ましい、と。なぜなら、人間は「自ら考えたこと」を実行するときに、最も高いパフォーマンスを発揮するからです。仮に、プライベートにおける意思決定において、第三者から何かを強制されたら、どう思うでしょうか？　それだけで、完全にやる気が失せるはずです。

　それは、仕事においても同じことです。企業においては、経営戦略に基づ

図2-1　意思決定権限は階層ごとに委譲される

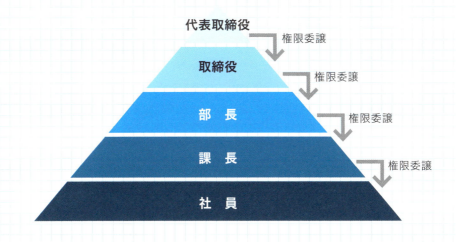

図2-2　意思決定者と実行者の意思疎通が不可欠

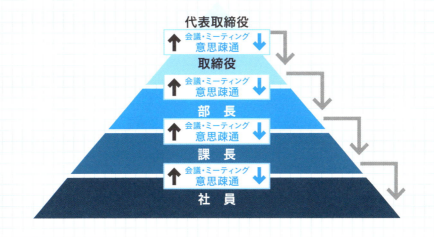

いて、統制のとれたアクションを起こす必要があるため、合理的な制約は当然生じます。しかし、その制約のなかで「何をやるか？」は、実行者が自ら考えるのが望ましいに決まっているのです。

　だからこそ、会議がきわめて重要になるのです。
　意思決定者（責任者）が上位層から与えられたミッションとその背景にある戦略や考え方を会議においてメンバーに伝達したうえで、「何をやるか？」はメンバーが自ら考える。そして、随時、1 on 1 ミーティングや少人数ミーティング、定例会議でアイデアを練り上げていきながら、最終的にはマネジャーが GO の意思決定を下す（図 2−3）。
　このコミュニケーションのプロセスをしっかりと踏むことで、はじめてチームは最高のパフォーマンスを発揮することができるのです。私が、会議こそがマネジメントのカギを握っていると考える所以です。

「権限規定」には書いていないルールが重要

　また、マネジャーは自らの意思決定権限の範囲を熟知しておく必要があります。
　たとえば、現場で何らかの問題が発生し、解決を迫られたとします。この場合、解決策の決定権限が自らに属する場合と、上位層に属する場合では、対応には大きな変化が生じます。
　自らの権限内であれば、メンバーとの会議で即座に対応策を決定すればよい。しかし、上位層に決定権限がある場合には、上位層に即座に情報を上げたうえで、密な意思疎通を図りながら対策を練り上げたうえで、上層部の会議において決裁を勝ち取る必要があります。
　いざというときに、瞬時にこの判断ができなければ、適切な会議の設定ができず、必然的に意思決定に瑕疵が生じることになります。これは、マネジャーの力量を左右する非常に大きなポイントですから、十分に注意する必

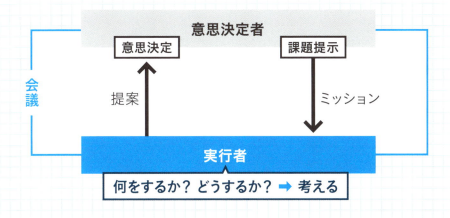

要があります。

　なお、自らの意思決定権限の範囲を把握するためには、社内の権限規定に目を通しておかなければならないのは当然のことですが、それだけでは足りません。なぜなら、権限規定という明文化されたルールでは捕捉しきれない領域が非常に大きいのが現実だからです。

　そのため、直属の上司の意向によって、権限範囲は異なってきます。前の上司からは、「それは君の判断に任せるよ」と言われていた領域の問題について、新しい上司からは、「それは部内会議にかけよう」と言われるといった経験をした方も多いでしょう。

　会社は"生き物"であり、すべてをルールとして明示することは不可能ですから、それはある程度やむを得ないことです。ですから、常に直属の上司と意思疎通を図りつつ、自らに委ねられた意思決定権限の範囲を把握するこ

とが欠かせないのです。

　念のために書き添えますが、「自らの意思決定権限」だからといって、「100％自分の判断で意思決定してよい」ということにはなりません。なぜなら、マネジャーの意思決定権はあくまで「委譲された」ものだからです。本来の意思決定者は社長・取締役会以外にはないのです。

　ですから、たとえ「自らの権限内」の意思決定をする場合であっても、適宜、直属の上司に「報連相」をしながら、上層部の意思との整合性について確認する必要があります。こうして、「日常的に意思決定のあり方」に磨きをかけておくことで、チーム内の会議においても迷うことなく意思決定できるようになるのです。

　また、このような上司とのコミュニケーションを大切にしていれば、必ず、上司はあなたに対する信頼感を深めます。そして、あなたにより大きな「権限の範囲」を任せるようになるでしょう。その結果、チーム内の会議で意思決定するスピードは加速するのです。

LESSON 03

「70点の意思決定」を最速で行う

「意思決定」はスピードが命

　会議の目的は意思決定である——。
　この認識を徹底することが、「会議の品質」を高める第一歩。マネジャーに問われているのは、よりよい意思決定を生み出すために、会議をどのようにデザインするかということです。
　ここで押さえておかなければならない重要なポイントがあります。何をもって、「よい意思決定」というのか？　この問いに明確な答えをもっていなければ、会議を適切にデザインすることはできません。むしろ、会議を台無しにしてしまう結果を招いてしまうでしょう。

　では、「よい意思決定」とは何か？
　まず第一に、「速い」ことです。繰り返しになりますが、生産性を上げるのは、常に現場です。そして、現場のメンバーは、組織的な意思決定がなければ、具体的なアクションを起こすことができません。つまり、意思決定が遅いということは、現場の動きを止めるということにほかならないということ。「遅い」というだけで、生産性は確実に下がるのです。
　それどころか、「何も決まらない会議」を何度も開くマネジャーに対して、メンバーは不信感を強めるとともに、徐々に仕事に対するモチベーションを下げるでしょう。だから、できるだけ速く意思決定をすることを徹底しなければなりません。意思決定は、スピードが命なのです。

意思決定に100％の精度を求めない

　とはいえ、もちろん拙速な意思決定でよいわけではありません。
　成功確率の低い意思決定を闇雲（やみくも）に行っているようでは、どんなにメンバーが懸命にがんばっても生産性は上がらず、ただ疲弊（ひへい）の度合いを深めるだけに終わるでしょう。当たり前のことですが、精度の高い意思決定こそが、「よい意思決定」なのです。
　ただし、ここに"落とし穴"があります。意思決定の精度を高めるために、情報収集や市場調査などに過大な時間・労力をかけてしまう結果、意思決定のスピードが落ちるうえに、メンバーに本来業務以外の負担を過重にかける結果を招く。つまり、意思決定に慎重になりすぎると、かえって「よい意思決定」から遠ざかるというパラドックスがあるわけです（図3-1）。
　では、この意思決定のパラドックスをどう解決すればいいのか？　私が参考にしたのは、孫正義社長がつくった経営指針「孫の二乗の兵法」です。「孫氏の兵法」と「ランチェスター戦略」をベースにつくられたと言われていますが、これはマネジャーにとっても非常に役立つ指針でした。
　意思決定のパラドックスの解決法も、「孫の二乗の兵法」の「七」という項に書いてあります。「七」とは、「勝率7割で勝負をする」という意味です。勝率5割で戦いを仕掛けるのは愚かだが、勝率9割まで待つと手遅れになる。だから、7割の勝率で勝負をするというわけです（図3-2）。
　これは、マネジャーの意思決定にも妥当する考え方です。100点ではなく70点の意思決定をめざすことによって、スピードと意思決定の精度を両立させるわけです。もちろん、「これが70点の基準」という明確なモノサシがあるわけではありませんから、最終的にはマネジャーの胆力で「7割の勝算がある」と決断するほかありません。ですから、当然、間違えることもあります。しかし、それでいいのです。というか、それこそが、実は、最も精度の高い意思決定をする方法なのです。

図3-1 意思決定のパラドックス

情報収集・市場調査に時間をかける

↓

精度の高い「意思決定」

 「精度」と「スピード」は相反する！

スピーディな「意思決定」

図3-2 「勝率7割」で意思決定する

愚かな決断
勝率5割で決断

スピード ＋ 精度
勝率7割で決断

手遅れ
勝率9割で決断

勝率7割で意思決定することで、パラドックスを解決する！

意思決定回数「増」＝「高」品質の会議

　どういうことか？　これも、考えてみれば当たり前のことです。そもそも、ビジネスにおいて100％の成功が保証された意思決定などありえません。意思決定とは、常に未来に賭けるものです。そして、未来のことは誰にもわかりません。どんなに情報を集めて、市場調査をやったところで、「100％こうなる」と予測することは不可能なのです。

　であれば、「70点の意思決定」でよいから、とにかく実行してみることが大切です。そして、PDCAを回しながら軌道修正を繰り返すことこそが、最速で「正解」に辿り着く方法なのです。会議でPlanを意思決定して、メンバーが実行（Do）し、その結果を会議で検証（Check）したうえで、次のActionを起こす。このPDCAを最速で回すことが、意思決定の精度を高める最善の方法なのです（図3-3）。

　もちろん、【図3-4】にあるように、PDCAサイクルを回した結果、「撤退」の意思決定を迫られることもありますが、それを恐れてはなりません。「7割の成功確率がある」と判断したうえで「やる」という意思決定をしたのであれば、その「撤退」もPDCAのプロセスにあると捉えるべきです。その失敗から学ぶことによって、次のチャレンジで成功確率を上げることができるはずだからです。

　むしろ、「撤退」の意思決定を遅らせることを恐れるべきです。明らかに失敗なのに、責任問題になることを恐れて「撤退」の判断をしなければ、会社にもたらす損害を膨らませるうえに、メンバーを疲弊させてしまうからです。

　ともあれ、これまで述べてきたように、「よい意思決定」とは、スピードと精度を兼ね備えた意思決定です。そして、それを実現するためには、「70点の意思決定」を行う回数を最大化するように会議をデザインする必要があるのです。

図3-3　PDCAで100点の意思決定に至る

「70点の意思決定」を最速PDCAで回すことで100点へ！

図3-4　意思決定の種類

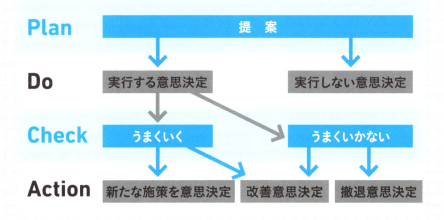

LESSON 04

「少人数ミーティング」が効率化のカギ

「定例会議」にかける議題を最少化する

　「最高品質の会議」を実現するためには、意思決定スピードを可能な限り上げる必要があります。意思決定の回数を増やして、PDCAサイクルを最速で回すことによって、チームの生産性を最大化させるのです。

　そのために大切なのは、チーム内で行われる会議を適切にデザインすることです。会議室にメンバー全員が集まって議論することだけが会議ではありません。部下とマネジャーが1on1で議論することも、少人数で集まって議論やブレストをするミーティングも、何らかの意思決定に向けて行う会議と考えるべきです（図4-1）。そして、マネジャーはそれら多様な会議全体を上手にマネジメントすることによって、最速の意思決定スピードを実現していく必要があるのです。

　そのときに留意すべきなのは、定例会議にかけるコストを最小化することです。なぜなら、定期的にメンバー全員が集まる定例会議は、人件費が最も多くかかる"高コスト会議"だからです。この定例会議にいくつもの議題が提案されると、必然的に長時間の会議にならざるをえず、コストはさらに高くつきますから、議題の数そのものを絞り込む必要があるのです。

　しかも、定例会議は通常「週1回のペース」で開催されるため、タイムロスが生じやすいという"弱み"をもっています。意思決定スピードを上げるためにも、定例会議以外の会議を活性化させることによって、必要なときに

図4-1　さまざまな会議をマネジメントする

即座に意思決定できるようにする必要があるのです。

定例会議を「責任回避」に使ってはならない

　ですから、私は、基本的に【図4-2】のようなチーム内の意思決定フローをイメージして、定例会議以外の「少人数ミーティング」を活性化するようにしました。

　たとえば、何らかの解決すべき問題が発生した場合には、マネジャーの権限で担当リーダーと数人の担当者を決定。マネジャーは、担当リーダーとのコミュニケーションを軸にプロジェクトを進めていきます。

　そして、担当チームが解決策を立案するまでのプロセスで、必要に応じて随時少人数ミーティングを実施。より多くのアイデアを集めたいときには、担当者以外のメンバーを集めてブレストを行ったり（Lesson19参照）、判断に迷うことがあれば、マネジャーとミーティングして方向性を確認する。こ

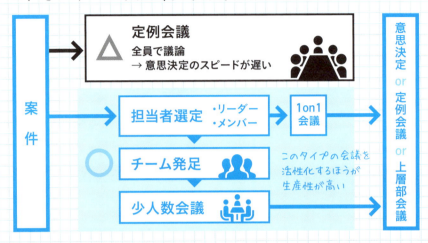

図4-2 チーム内の意思決定フロー

うした少人数ミーティングを積極的に行うことを奨励したのです。

　重要なのは、少人数ミーティングでどんどん意思決定していくことです。定例会議にかける必要があるのは、メンバー全員で認識を統一する必要性が高い案件のみ。それに当たらない場合には、少人数ミーティングの場で、マネジャーが自らの権限においてどんどん意思決定していくべきなのです。「一応みんなの意見も聞いておこう」などという理由で、いちいち定例会議にかけるマネジャーもいますが、これは「合議」を隠れ蓑にして、自らの意思決定責任から逃れようとしているだけ。その結果、定例会議のコストが膨らむとともに、意思決定スピードが落ちるのは、あまりにも大きな損失だと言わざるを得ません。

フットワークの軽さが「意思決定力」を高める

　だから、私は、チーム内で少人数ミーティングを活性化するとともに、求

められたときには、できる限り参加するように努めました。

　そのために、できるだけ自席にいるようにして、メンバーが声をかけやすいように心がけました。私はプレイングマネジャーでいつも仕事に追われている状況でしたが、意識的に自分の仕事よりも少人数ミーティングへの対応を優先するようにしたのです（そもそも、マネジメントに軸足を置くために、現場の仕事はできるだけメンバーに渡すようにしていました）。

　また、新任マネジャーのころは、自分のデスクのそばにイスを置いて、部下が相談に来たらイスをすすめて、快く応対するようにしました。上級職になったときには、デスクのそばに小さなミーティング・スペースを設けるなど、少人数ミーティングを活性化するために、職場レイアウトにも工夫を加えました。

　もちろん、私自身も、上級者に対してこまめにミーティングをお願いするようにしていました。たとえば、プロジェクトの方向性について相談にきた部下に「これは、部長に確認しにいこう」と言って、上級者のところに部下を連れていって即席ミーティングを行えば、部長 – 課長 – 担当者の「意識」を揃える効果は絶大です。そして、担当者は、進めているプロジェクトの方向性に確信をもちながら仕事を進めることができるわけです。

　重要なのはフットワークの軽さです。判断に迷うことがあれば、自分ひとりで抱え込んで考え過ぎるのではなく、すぐに上級者や関係者に確認をする。そして、その場でどんどん意思決定をしていくのです。

　これができるようになれば、チームの意思決定回数は劇的に増加します。現場のメンバーもスピード感をもってプロジェクトを進めることができるため、モチベーションも上がります。何でもかんでも定例会議で意思決定するのではなく、少人数ミーティングをフル活用することで、チームの生産性は確実に向上するのです。

LESSON 04　「少人数ミーティング」が効率化のカギ

LESSON 05

「定例会議」の5つのポイント

「同じ場」を共有する会議はチームに不可欠

　昨今、「会議＝悪」論とも言うべき論調を多く見かけるようになりました。私も、多くのビジネスパーソンからこんな不満をよく聞かされます。「誰も聞いていない長い説明」「論点を明確にしないまま、迷走する議論」「一部の参加者が議論を牛耳る、一方通行の会議」「情報共有と称する非生産的な会議」「調整という名の無責任体質」……。

　だから、「会議＝悪」論を唱えたくなる気持ちは理解できます。しかし、これは間違った認識と言わざるを得ません。実際、会議を取りやめて、メールやメッセンジャーでコミュニケーションを取ることで代替しようとしたチームを知っていますが、すぐに行き詰まりました。

　理由は明確で、それではあまりにも情報量が少なすぎるからです。
　メンバーが顔を合わせて議論するときに流通する情報は「言葉」だけではありません。表情や仕草、声音、さらには場の空気など非言語的な情報のほうが圧倒的に多いのが現実。そして、「言葉」と「非言語的な情報」が合わさって、はじめて実のある議論が成立し、結論を腹に落とすことができるのです。
　なかでも、場の空気を感じることは、人間がコミュニケーションを取るうえでは非常に重要です。それは、テレビ会議を経験したことのある人なら実感できるはずです。相手の顔も見えるし、声も聞こえますから、非言語的情

報もやりとりしているはずなのに、それでも何かが足りない。本当に意思疎通ができたのか不安が残るのです。これはおそらく、普段、私たちが場の空気から微妙なニュアンスを感じ取りながらコミュニケーションを行っているからです。

そして、真に腹落ちのできるディスカッションを経た意思決定でなければ、その意思決定に基づくメンバーのアクションの質も落ちます。ですから、メンバーが集まって顔と顔を見合わせながら議論する「会議」という場は、チーム運営にとっては必要不可欠なのです。

もちろん、些細な「報連相」はメッセンジャーで手っ取り早く行うのが適切ですが、それが機能するのは、定期的に顔と顔を合わせる会議をしっかり行っているからだということを忘れてはならないのです。

そして、チーム活動のエンジンとして機能するのが定期的に行う定例会議です。私は、定例会議での意思決定案件の数を絞り込んで、少人数ミーティングを活性化すべきだと提唱しています。少人数ミーティングの場で次々と意思決定をしていくことによって、意思決定スピードを最速化するべきだと考えているからです。

しかし、それは決して、定例会議を軽んじているわけではありません。逆です。定例会議が重要だからこそ、定例会議で扱うテーマを厳選すべきだと考えているのです。そして、定期的にメンバーが顔を合わせて、チームで共有すべきビジョンや目標を確認しながら、質の高いディスカッションをすることによって重要な意思決定を行うことが、チーム活動を推進する最も重要なエンジンだと考えているのです。

定例会議は「週1開催」でチームのエンジンとする

定例会議をどのくらいのペースで開催すべきか？

これは、チームが担当しているプロジェクトの特質によってさまざまあると思いますが、基本的には最低でも「週1回」は開催すべきだと、私は考え

ています。
　まず第一に、人間は誰しも「1週間」をひとつのサイクルと認識しながら生活をしていますから、そのサイクルに合わせて、チームのサイクルも回していくのが自然で、"肌感覚"的にもしっくりくるからです。
　また、近年、ビジネス環境が変化するスピードは加速度的に増しているため、最低でも「週1回」は定例会議を開くことで、そのスピードにチームを合わせていく必要があります。
　さらに、定例会議はチーム全体のPDCAサイクルを回すエンジンでもあります。経営数値やチームの実績に関する数値も日次、週次で入手できる時代ですから、それらを参照しつつ、問題があれば随時軌道修正を行うためにも、「週1回」は定例会議をするのが合理的でしょう。
　ただし、「定期的に集まる」ことが定例会議の目的ではありません。特段共有すべきこともなく、意思決定をすべき議題もないのであれば、むしろ流会にして、現場業務を少しでも先に進めてもらうほうがよいでしょう（図5−1）。

「企業理念」をメンバーに浸透させる

　では、マネジャーが定例会議で強く意識すべきことは何でしょうか？
　もちろん、意思決定こそが会議の最重要テーマですが、それ以外では、【図5−2】の5つのポイントを常に意識する必要があります。これは、ソフトバンク時代にいくつものチームで試行錯誤しながら、最終的に行きついたものです。
　以下、それぞれ概説していきます。
　まず、「企業理念・経営方針・経営戦略の共有」です。言わずもがなですが、チーム活動全般を統制する最大の基準は「企業理念」です。これを、メンバー全員がしっかりと理解して、機会あるごとに反芻しながら、認識を深めていくことが、チーム活動の質を高めていく最も重要なポイントです。

図5-1　定例会議がPDCAサイクルの要

会議
・改善案の提案（結果及び分析次第で撤退も検討）
・改善案の検討が不十分であれば**「流会」**

Action

会議
・実施承認
・提案内容が十分でなければ**「流会」**

Plan

会議
・実行結果の報告
・進捗確認
・実行結果の共有ができる状態でなければ**「流会」**
・分析が不十分で改善ポイントが不明確な場合は**「流会」**

Check

Do

会議
・課題発生時は随時、ミーティングや会議で意思決定

図5-2　定例会議で意識すべき5つのポイント

1	**全社的な情報の伝達・共有** ・企業理念・経営方針・経営戦略 ・総務・人事関連の伝達・共有　など
2	**チーム目標の伝達・共有**
3	**チームに与えられた新規案件の共有**
4	**新規案件・突発案件の共有（臨時会議）**
5	**メンバーの体調・情緒のチェック**

また、Lesson16で詳しくご説明しますが、意思決定を行う際の最大のポイントも企業理念となります。ソフトバンクであれば、「情報革命で人々を幸せに」という企業理念を掲げていますから、たとえば、「儲かるけれど人々を不幸にする」ような提案が認められることはありません。最速で「よい意思決定」を行うためには、まず何よりも、メンバー全員が「企業理念」を自分のものにしておく必要があるのです。

　そして、毎期発表される経営方針や経営戦略についても同様です。会社が示す「方針・戦略」を踏まえて、随時、チームの活動にも軌道修正を加えていく努力が不可欠。そして、チーム内の意思決定も「方針・戦略」に沿ったものである必要があります。「理念・方針・戦略」はチーム運営の基軸であり、それを定例会議の場で周知徹底していくのはマネジャーのきわめて重要な仕事のひとつなのです。

　もちろん、経営方針・戦略が発表される期初の定例会議では、必ず丁寧に伝達する必要がありますが（この際に改めて企業理念についても伝えるとよいでしょう）、毎回の定例会議でいちいち触れる必要はありません。ただし、四半期、半期に一度は簡略化した形でも構わないので、改めて伝えることでメンバーの意識に定着させる努力はすべきでしょう。

　しかし、それよりも重要なことがあります。それは、定例会議におけるディスカッションにおいて、「理念・方針・戦略」にかかわる議論に発展したときには、必ず注意を喚起することです。「それは、企業理念に合っているかな？」などと問いかけることで、メンバーに自分の頭で考えてもらう。その繰り返しによってこそ、メンバーに浸透させることができるのです。そしてこの努力が、チームの生産性にボディブローのように効いてくるのです。

　また、総務・人事関連の伝達事項や情報は、それが発生するたびに定例会議で共有します。ただし、「社内手続きの変更」や「組織変更」などの重要

案件は、周知徹底するとともに不要な誤解を防ぐためにも、口頭で丁寧に説明する必要がありますが、チームの運営にとって重要性の低い案件はメール等で伝達するだけに留めるのがよいでしょう（Lesson10 参照）。

チーム目標は「月次」で確認する

次に重要なのが、チームの目標の共有です。

これは、期初の経営方針・戦略に基づいて導き出されるものですから、当然、これらと合わせて、期初の定例会議でメンバーとしっかりと共有することが大切です。

そして、できれば月次、少なくとも四半期ごとに、定例会議で確認をすることによって、メンバーの目標意識を喚起する必要があるでしょう。また、目標達成状況については、できれば週次で情報共有しながら（基本的にはメール等での共有でOK）、目標未達が著しいなど異常値が発生した場合には、随時、定例会議の議題に上げて、注意を喚起するとともに、打開策をディスカッションしなければなりません。

また、チーム内で動いているプロジェクトの進捗確認も必須です。

Lesson 8 で詳しくご説明しますが、進捗確認をすることによって、スケジュール管理を徹底するのはもちろんのこと、普段は自らが担当しているプロジェクト以外には目配りすることの少ないメンバーに、チーム全体でどのようなプロジェクトが動いているのかを共有する効果もあります。ただし、進捗確認に時間を割くのは非効率ですから、できる限り手短に終える工夫が必要です。

また、企業活動のなかでは、上層部からの指示や現場トラブルへの対応など、絶えず新規案件やタスクが突発案件として発生するものです。そのような場合には、即座に臨時会議で共有する必要があります。

メンバーを「観察」する余裕をもつ

　最後に注意すべきなのが、メンバーの体調・情緒です。

　人間は誰しも、バイオリズムの影響もあり、体調を崩したり情緒が不安定になることがあります。特に、業務の繁忙度が増すと、そのような変調をきたすケースはままあります。マネジャーは、そのようなメンバーの変調には敏感でいなければなりません。

　もちろん、日常業務のなかで、わけへだてなくすべてのメンバーとコミュニケーションをはかりつつ、個々の体調・情緒をチェックすることが大切ですが、多忙な日常のなかではなかなかやり切れるものではありません。そこで、定例会議の場でそれをカバーするのです。

　「会議の場で居心地悪そうにしていないか？」「表情や姿勢に溌剌（はつらつ）としたものが感じられるか？」「声に張りはあるか？」「発言が少なくないか？」……。そのような視点で一人ひとりの様子を観察すれば、異変に気づくことができるはずです。

　また、チーム内の人間関係を観察する場としても定例会議は重要です。座る位置からそれを推察することは可能ですし、誰かの発言に対する反応を注意深く観察すれば、両者の関係性についても気づきを与えてくれることもあります。

　もちろん、何らかの異変に気づいたからといって、会議の場でアクションを起こしてはなりません。異変に気づいたら自分の意識のなかでフラグを立てて、その後の日常業務のなかでじっくりと観察。そのうえで、必要であれば1 on 1のミーティングをもつなどの対応を取るのです。

　重要なのは、定例会議の場で、メンバーを観察する心の余裕をもつことです。たとえば、ディスカッションの場ではファシリテーターを部下に任せて、自分は議論の推移とメンバーの状態の観察に比重を置くといった工夫をするといいでしょう（Lesson24参照）。

第2章 「30分会議」の設計図

LESSON 06

定例会議は「30分」が原則である

「会議は1時間」という認識が生産性を下げる

「会議は1時間」というのが一般的ではないでしょうか？
　私もいくつかの会社で働いてきましたが、どこでも基本は「1時間」でした。しかし、「なぜ1時間かける必要があるのか？」と改めて考えてみると、明確な答えがないことに気づきます。「以前からそうだから」「きりがいいから」「なんとなく」……。そんなあやふやな理由で、「1時間会議」を続けているのが実態ではないでしょうか？
　そして、これが「会議の品質」を落とす大きな原因となっています。「1時間あるから」と、本来、定例会議からできるだけ排除すべき「情報共有」「伝達」「報告」などに余分なコストをかけてしまう。あるいは、定例会議にかける必要性の薄い案件まで議題に上げることによって、意思決定にタイムロスを生んでしまう。果てには、「まだ時間が残っているから」と意味のないコミュニケーションに貴重な時間を費やしてしまう。その結果、定例会議に緊張感が失われ、ただただムダなコストだけが積み上がってしまうのです。

　だから、私はマネジャーになったときに、チームの定例会議は「30分」を基本とするように改めました。高品質な会議を生み出すために、時間的な制約を設けることにしたのです。まず物理的な制約を設けたうえで、その制約のなかで最高の成果を生み出すための工夫をする。そこに、改善のための工

夫が生まれると考えたからです。

人間の集中力は「15分周期」である

　そもそも、人間の集中力には限界があります。大学の授業が90分に設定されているように、集中力が持続する時間は90分が限界と言われていますが、90分間ずっと集中できるわけではありません。集中力の波は15分周期だと言われているのです。つまり、人間の集中力を維持するためには、「15分」をワンブロックとして考える必要があるということです（図6-1）。

　実際、テレビ番組も10〜15分程度でCMを入れる構成になっています。テレビ局としてはCMを流さなければならないという理由もあると思いますが、一方で、CMで休憩を挟むことで視聴者の集中力を維持するという理由もあると思われます。私が大学で教員資格を取得するために教育実習に行ったときに、小学校の授業が45分間なのも同様の理由であることを知りま

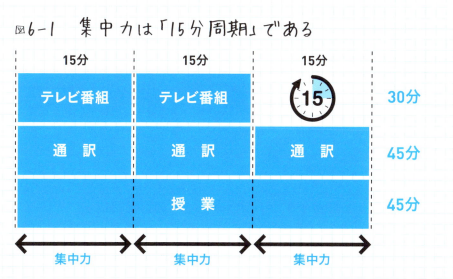

図6-1　集中力は「15分周期」である

した。

　あるいは、同時通訳も基本的に15分周期で担当者が交代するサイクルを採用しているといいます。同時通訳にはきわめて高度な集中力が要求されるため、集中力の波が切れる15分ごとに休憩を入れるのでしょう。

　それは、私自身が実感するところでもあります。私は、1時間ほどかけてプレゼンテーションをする機会があるのですが、だいたい15分ごとに聞き手の集中力が途切れてくるのです。だから、プレゼン資料をつくるときには、15分ごとに話題を変えたり、ちょっとした笑いの要素を入れるなど工夫を加えます。そうしなければ、長時間のプレゼンを集中して聞いていただけないからです。

　これを裏付ける実験もあります。
　東京大学の池谷裕二教授が、㈱ベネッセコーポレーションの協力のもと実施したもので、中学1年生を、1時間ぶっ通しで英語を学習する「60分学習」のグループと、休憩を挟みながら学習する「15分×3＝45分学習」のグループに分けて比較したところ、後者のほうが明らかに学習成果が上がったというのです。おそらく、「15分」をワンブロックとしたために、集中力が維持されたからだと考えられます。

　これは、会議にもそのままあてはまります。だらだらと「1時間会議」をやっているようでは、参加者の集中力はもちません。その結果、ディスカッションのレベルが下がり、意思決定のレベルをも下げてしまうのです。そこで、私は人間の集中力の特性に合わせて「15分」をワンブロックとして、それを2サイクル回す「30分会議」を定例会議の基本とすることにしたのです。

「インプット15分＋アウトプット15分」の2部構成

　具体的には、【図6-2】のように、「インプット＋アウトプット」の2部構成にしました。それぞれ、「基本的に15分以内」という制約を設けて、「15

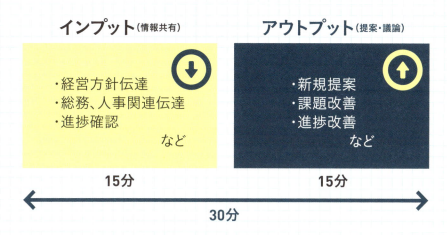

分×2＝30分会議」になるようにしたわけです。

　少し詳しくご説明しましょう。
　まず、インプット。これは、情報共有、伝達、進捗確認など、メンバーに業務上必要な情報をインプットしてもらうパートです。Lesson 1でも述べたように、これら意思決定とは直接関係しないパートについては、できる限り簡素化する工夫をして、短縮化するように心がけます。そのノウハウはこのあと詳しくお伝えしますが、これらの工夫をすれば、15分をフルに使わなくとも終えられるようになるはずです。
　なお、ルーティン業務を回すのが主な業務であるなど、部署の特性によっては、平常時においてはインプットだけで定例会議を終えることもあるでしょう。その場合でも、本書のノウハウを活用することで、より効果的な会

議を行うことができるはずです。

時間制約があるから「会議の品質」は上がる

　次に、アウトプット。これこそが、定例会議の本題。つまり、メンバー全員のディスカッションを経たうえで、なんらかの意思決定（＝アウトプット）をするパートです。

　このパートも基本は15分ですが、インプットが10分で終われば、残り20分を使うこともあります。逆に、インプット10分、アウトプット10分で終われば、20分で解散してまったく問題ありません。

　むしろ、さっさと切り上げる、ややそっけないくらいの会議進行のほうが望ましいと私は考えています。ビジネス環境の変化が加速度的にスピードを上げていますから、それに対応するためには、多少そっけなくてもスピード感を重視する姿勢をメンバーに印象づけることができるからです。

　とはいえ、「そんな短時間で、いくつもの議案についてディスカッションから意思決定までできるのか？」という疑問を持たれる方も多いでしょう。当然の疑問だと思います。しかし、本書でご紹介するノウハウを徹底すれば、必ず可能になります。

　重要なのは、まずはじめに「30分」という制約を設定することです。その制約を設定してしまえば、それをクリアするアイデアは必ず出てきます。そして、メンバーの高い集中力を引き出すことによって、「最高品質の会議」を実現することができるのです。

LESSON 07

「議題の事前提出」で会議をコントロールする

議題の「事前提出」を徹底する

「30分会議」を実現するうえでカギとなるのは、アウトプット（ディスカッション＋意思決定）をいかに効率的で実りあるものにできるかです。

情報共有、伝達、進捗報告などのインプットは、ほとんどディスカッションを要しないために、ひと工夫を加えるだけで短時間化はすぐに実現することができますが、アウトプットはディスカッションが伴うだけに、どうしてもそれなりの時間が必要となります。それを、いかに15分以内で処理するか。ここに「30分会議」の成否はかかっていると言えるのです。

そこで、重要になるのが、事前の議題申請と資料提出をメンバーに徹底してもらうことです。【図7-1】のように、定例会議を毎週水曜日に開いているのであれば、その前々日の月曜日までに議題申請と資料提出を行うよう義務づけるのです。

これには、事前に全メンバーに議題と資料を配布して、内容に目を通したうえで定例会議に参加してもらうことによって、ディスカッションの質を高める狙いもあるのですが、それ以外にも、マネジャーが議題をコントロールするという重要な意味があります。

ポイントは「前々日までに議題と資料の提出を義務づける」という点にあります。つまり、月曜日までに提出してもらい、翌日の火曜日にマネジャーが議題と資料をチェックして整理するのです。ここでのチェックポイント

図7-1　定例会議の段取り

月曜日	火曜日	水曜日
会議前々日	会議前日	会議当日
・議題申請 ・資料提出	・事前シミュレーション ・最終ブラッシュアップ ・最終資料送付・資料送付	・資料最終版差し替え ・発表 ・議事録確認 ・タスクの整理／アクション

は、大きく次のふたつです。

【チェックポイント❶】
「70点の提案」になっているかどうか？　「70点」に至っていないと判断した場合は、提案を差し戻してブラッシュアップを求める。

【チェックポイント❷】
　複数の議題がある場合には、優先順位をつける。件数が多い場合には、優先度の低い提案は翌週に送るか、少人数ミーティングで意思決定する。

　この2点をしっかりチェックすることによって、「30分会議」を適切に行うことができるようになるのです。以下、ふたつのチェックポイントについてご説明いたします。

「提案内容」の水準を高める

まず、【チェックポイント①】についてご説明します。

これは、会議の品質を高めるためには、最重要ポイントと言っても過言ではありません。当たり前のことですが、提案内容の水準が低ければ、議論の焦点が定まらず非効率な会議になり、とても15分で意思決定に至ることはできません。そのような事態を避けるためにも、提案段階で「70点」のクオリティを求める必要があります。そして、その水準に到達していない提案は、事前に差し戻してブラッシュアップを求める。つまり、会議から排除するわけです。

逆に提案内容の水準が高ければ、定例会議でも簡単な質疑応答で疑問点を確認すれば、ほんの数分で十分に意思決定ができることもあります。効率的な会議を実現するためには、提案そのものの水準を高める努力が不可欠なのです。

なお、提案を差し戻されるのは、メンバーにとっては辛い経験ですが、このプロセスをうやむやにするべきではありません。なぜなら、「ここが足りない」「根拠となるデータが弱い」などと指摘をしてブラッシュアップをさせるプロセスのなかで、「意思決定のために不可欠な要素が何なのか?」ということをメンバーは学ぶことができるからです。

その要素については、のちほど詳しくご説明しますが、これを体得してもらうには、口頭で説明するだけではなく、具体的な提案資料を作り込む過程で自ら学び取ってもらうしかないのです。

議題の「優先順位」はこのマトリクスで決める

次に【チェックポイント②】です。

「70点」の提案内容になっていると判断すれば、定例会議にかけることにな

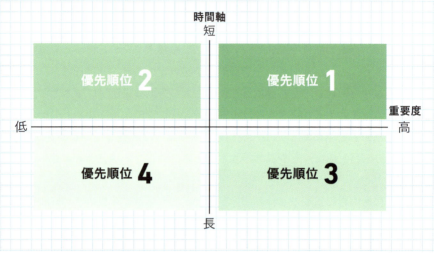

図7-2 議題の優先順位を決めるマトリクス

りますが、複数の議題がある場合には優先順位をつけなければ、「15分」ですべての意思決定をすることはできません。

優先度の高いものから順に議題に上げ、すべての議題を処理するには15分では足りないと判断すれば、優先度の低いものは翌週に回すか、少人数ミーティングで意思決定する。このように、議題を整理することで効率的な意思決定を実現するわけです。

では、議題の優先順位はどのように判断すればいいのか？

私は【図7-2】のマトリクスを使っていました。縦軸に納期（時間）、横軸に重要度を用いた一般的なマトリクスです。意思決定の優先度ですから、優先順位は次のとおりとなります。

❶重要度が高く、納期が短い。
❷重要度が低く、納期が短い。

❸ **重要度が高く、納期が長い。**
❹ **重要度が低く、納期が長い。**

　提案された議題がどの象限に属するかを判断したうえで、優先順位をつけるわけです。①を最優先にするのは当然のことですが、判断に迷うことがあるのは②と③です。基本的には納期の迫っている②を優先すべきですが、重要度は低いので少人数ミーティングで意思決定してしまってもよいかもしれません。逆に、納期に余裕はあっても、チームにとって重要度が高い③を定例会議で揉むことを優先すべきこともあるでしょう。②と③の議題が提出された場合には、このあたりを熟慮したうえで判断する必要があります。

日常の「プロジェクト管理」が大切

　ただ、実際のところ重要なのは、チームのなかで動いているすべてのプロジェクトの状況を、定例会議における進捗確認や少人数ミーティングなどを通じて日常的に把握しておくことです。

　たとえば、3ヶ月前に「❸**重要度が高く、納期が長い**」象限にあったプロジェクトの進捗が遅く、「❶**重要度が高く、納期が短い**」象限に移行しているかもしれません。にもかかわらず、メンバーから議題の提出がないようであれば、マネジャー自らがテコ入れを図り、早期の議題提出にもっていく必要があるでしょう。

　あるいは、「❶**重要度が高く、納期が短い**」の象限に、同時にふたつの案件が入っていれば、定例会議に議案をかけるタイミングがかぶる可能性があります。そのような場合には、マネジャーが両者を早めに調整して、タイミングをずらすようにする必要があるかもしれません。

　そのように、常日頃からチームで動いているプロジェクトを把握しつつ、会議をコントロールしていくことも、マネジャーの重要な仕事なのです。

LESSON 08

「進捗確認」は
このフォーマットを使う

スケジュールは「統一フォーマット」を使う

　進捗確認は定例会議の前半15分「インプット」のパートで必ず押さえておくべきポイントです。

　すべての仕事には締め切りがあります。その期日までに完遂することができなければ、仕事をしたことにはなりません。そして、そのような案件が増えれば、チームとしての目標を達成することもできないわけです。

　ですから、「週1回」の定例会議で、すべてのプロジェクトの進捗状況を確認することで、メンバーのスケジュール感覚を刺激し続けるとともに、進捗を困難にしている問題があるのであれば、それをチームとして解決する必要があります。

　また、定期的にすべてのプロジェクトの進捗状況を共有することで、メンバー全員が、現在、チームのなかでどのようなプロジェクトが動いているのかを共有することにも意味があります。普段、それぞれのメンバーは、自分が担当する業務に集中しているため、チームの状況を俯瞰する機会がないものです。そこで、進捗確認を通してチーム全体を俯瞰する視点をもってもらい、必要であれば他のプロジェクトに協力するなどの意識を醸成する必要があるのです。

　ただし、進捗確認はできるだけ簡素化する必要があります。ここで過大に時間を取れば、定例会議において最も重要な後半15分「アウトプット（意思

決定)」のパートに影響を及ぼすからです。

そのためには、どうすればよいのでしょうか？

まず、大前提として、それぞれのプロジェクトの実施を決定するときに、スケジュールを確定しておく必要があります。もちろん、状況次第でスケジュールの前倒しや引き延ばしなどの調整を余儀なくされることもありますが、まずは、最初の段階で確定しておくことが大切です。当たり前のことですが、確定したスケジュールがなければ、予定どおりに進んでいるのか否か、進捗確認のしようがないからです。

ところが、しばしばプロジェクト決定時にスケジュールをあやふやにしてしまうケースが見受けられます。その結果、担当者のスケジュールに対する責任感もあやふやになるために、チーム全体でプロジェクト完遂の"抜け漏れ"が増加することになります。ですから、マネジャーが会議の場で必ずスケジュールを明確にするように求める必要があります。

私は、すべてのプロジェクトについてスケジュールを記入する統一フォーマットを用意していました（図8-1）。いちいち担当者がゼロベースでスケジュール・シートをつくる手間を省くことができますし、統一フォーマットであれば、担当者以外のメンバーが見たときにも、一瞬で内容を把握することができます。スケジュール・シートを読み解く時間と労力を省くことも、会議のスピード化にとって重要な要素なのです。

ご覧のとおり、「プロジェクト確定」→「準備」→「実施」→「検証」のステップごとにスケジュールを色別で示しています。色をすべてのプロジェクトで統一しておけば、いちいち文字を読むまでもなくスケジュール感を把握できるのでとても便利なのです。

進捗確認は「色」で行う

では、進捗確認はどうすればいいのでしょうか？

ここでもフォーマットが有効です。私は【図8-2】のようなフォーマッ

図8-1 スケジュールの統一フォーマット

アクション	時間	本日	2日	3日	4日	5日	6日	7日	2週目	3週目
プロジェクト確定	○月×日	確定								
実施	△月×日〜△月□日		準備						実施	
検証	△月◎日									検証

図8-2 進捗管理フォーマット

	プロジェクト	担当	現状	期日	進捗状況	課題	対策
1	ショップ集客改善のテスト実施	Aさん	準備中	8月31日		ショップの対応に遅れ	実施ショップ店長との打ち合わせ
2	顧客獲得キャンペーン	Bさん	実施中	9月15日			
3	新規販促ツールの提案	Cさん	検討中	8月1日		決定打に欠ける	ブレストの実施
4	集客イベント開催	Dさん	準備中	10月10日		告知に遅れ	広告部と折衝
5	顧客データの更新時間短縮	Eさん	実施中	7月31日			

トを用意して、定例会議の前に必ず担当者に更新してもらうようにしていました。これを会議の場で目視で共有すればいいだけですから、時間を大幅に削減できるのです。

　ご覧のとおり、このシートでも「色」が重要な役割を果たしています。それぞれのメンバーに、定例会議ごとに「現状」「進捗状況」「課題」「対策」などを更新してもらうのですが、「進捗状況」を「色」で表現することで、状況を一目で理解できるようにしているのです。
「色」の意味は次のとおりです。

● 「緑」＝順調（期日内に完了見込み）
● 「黄」＝注意（期日内での完了が微妙）
● 「赤」＝危険（期日内の完了は困難）

　そして、定例会議では、順調に進捗している「緑」には特に触れることなく、「黄」と「赤」のプロジェクトにだけ着目します。そこで重要になるのが、「課題＝進捗遅延のボトルネックは何か？」と「対策＝そのボトルネックを解消する具体的なアクション」です。なぜなら、会議の目的は、進捗に困難を抱えている案件の問題を解決することだからです。
　ですから、必要であれば、担当者に詳細の説明を求めます。そして、「その対策が妥当なのか？」「その対策を実施するためには、追加リソースが必要か？」などを確認。他のメンバーの意見も参考にしながら、必要な意思決定をするのです。
　なお、状況の打開策について簡単に意思決定できる場合には、前半15分の「インプット」のパートでパッパッと決めればよいのですが、メンバー全員で慎重な検討をすべき場合には、これを議題として、後半15分の「アウトプット（意思決定）」のパートに回すこともあります。

進捗遅延を「責める」のは厳禁

　ただし、進捗状況を確認する際に注意しなければならない重要なポイントがあります。「責める」ようなスタンスは厳禁。必ず、状況を改善するためにサポートしたいという姿勢を徹底することです。そうでなければ、「責められる」ことを恐れるメンバーが正直な進捗報告をしなくなるおそれがあるためです。そうなってしまえば、健全なチーム運営はきわめて難しくなるでしょう。

　もちろん、万一、進捗遅延の原因が担当者のサボタージュであるなど指導が必要な場合もあるでしょうが、それをメンバーが勢ぞろいしている定例会議の場でやってしまうと"吊るし上げ"になってしまいます。そのような場合は、別の機会に1on1ミーティングで丁寧に指導すればいいのです。

　また、進捗遅延のプロジェクトがチーム全体への影響が少ない場合には、定例会議で深掘りするのではなく、別途、1on1ミーティングや少人数ミーティングを設定するほうがよいでしょう。進捗確認はスピーディに終えて、できる限り会議後半の「アウトプット（意思決定）」の時間を確保するのが大切だからです。

「報告＋ネクストステップ」を徹底する

「ネクストステップ」のない"報告"は認めない

　定例会議では、進捗報告、トラブル報告、プロジェクト完了報告など、常にメンバーからの報告案件が生じます。全メンバーが共有すべき案件であれば、その報告を共有することも定例会議では必要となります。

　ただし、あくまで会議とは意思決定の場であるという認識を徹底する必要があります。単に報告を聞いて満足するのであれば、わざわざメンバーを集める必要はなく、文書でサマリーを共有すれば済むことです。

　いえ、むしろこう言うべきでしょう。

　本来、「ネクストステップ」が示されない"報告"は報告と呼ぶに値しない、と。「ネクストステップ」とは、報告内容を受けて、「これからどうするのか？」を提案するということです。つまり、「報告＋ネクストステップ」が示されて、はじめて報告と認識すべきなのです。

　私がこれを教わったのは、新社会人として右も左もわからないまま働き出したころのことです。営業担当として必死で走り回っていたのですが、ある月の売上目標未達が確定したときに、上司に正直に「〇〇円の売上未達となりました。申し訳ありません」。と"報告"したのです。その瞬間、上司はクールにこう切り返しました。

上司　「未達か。で、どうするの？」
私　「あ、はい。来月は必ず達成するように頑張ります！」

上司「どうやって？」

私　「……」

上司「今月ショートした分はどうするの？」

私　「……」

　要するに、私は何も考えていなかったのです。ただ、悪い情報でも正直に上司に"報告"し、謝罪をする。そして、「次は頑張る」と意欲を見せれば、許してもらえると思っていました。結局のところ、報告の本質を理解していなかったのです。

　それを上司は「で、どうするの？」というキラーメッセージで指摘してくれたわけです。いま思い出しても、情けなさや不甲斐なさで胸がいっぱいになるのですが、仕事をするうえで極めて重要なことを教えていただいたと、深く感謝しています。

報告はPDCAの「繋ぎ目」である

　では、報告とは何か？

　私は、報告とはPDCAの「繋ぎ目」だと考えています。「よい結果」であろうが「悪い結果」であろうが、関係ありません。企業活動とは、常に「今よりよいものを指向する」ことによって成長を実現するものです。何らかの結果が生じたら、その結果から学んだことを次のチャレンジに活かす。それこそがPDCAであり、その「繋ぎ目」として機能するのが報告なのです。

　先ほどの例で言えば、重要なのは、「目標未達」という結果の原因を分析したうえで、翌月に目標達成するために「どうするのか？」＝「ネクストステップ（解決策）」を自分の頭で考えることです。具体的な改善点、スケジュール、リソース、実現可能性、効果予測などを自分の頭で考えて、上司に提案する。そして、それに対して上司とディスカッションをしたうえで、翌月のアクションを確定させる。こうして、上司の承認と信頼を勝ち得ると

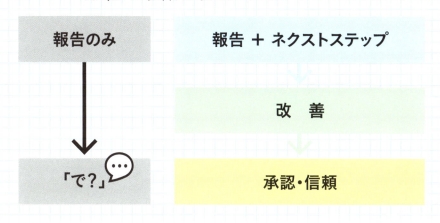

ともに、PDCAを回していくために存在するのが報告なのです（図9-1）。

だから、報告に謝罪も不要なら、意気込みを示す必要もありません。もちろん、目標未達を謝罪する気持ちは組織人として必要かもしれませんが、謝罪したからといって状況が改善するわけではありませんし、意欲があるのは結果を出す必要条件ではあっても十分条件にはなりえません。それを上司に伝えることには意味がないのです。あのときの上司も、私の謝罪や意気込みは完全に黙殺。責めることもなく、ただただクールに「で、どうするの？」という問いを私にぶつけてくれたのです。

「ネクストステップ」は部下自身に考えさせる

この上司から、もうひとつ教わったことがあります。
それは、「自分の頭で考える」ということです。彼は、私に対して「で、

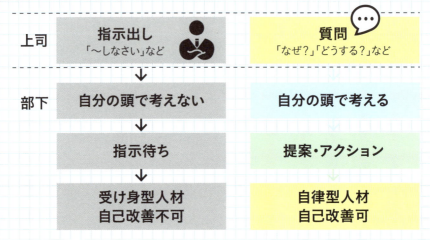

図9-2 質問が部下を育てる

どうするの？」「どうやって？」「ショートした分はどうするの？」という質問しかしませんでした。それも、決して責めるような口調ではなく……。それは、彼が私に「自分の頭で考える」ことを求めていたからです。

その後、私は、その上司に「報告＋ネクストステップ」を徹底していきましたが、その度に、「なぜ、それで効果があると言えるのか？」「予算がかかり過ぎじゃない？」などと質問攻めにあい、その度に再考。「自分の考え」をブラッシュアップする貴重な機会をいただきました。そして、少しずつ営業マンとして成長していくことができたのです。

あのとき、上司が私に「こうしなさい」「これをしてはいけない」と指示をしていたら、私はどうなっていたでしょうか？ 「自分の頭で考える」ことを身につけないまま、ただ上司の指示に従って行動する人間になっていたかもしれません（図9-2）。

だから、私がマネジャーになったときには、あの上司と同じスタンスでメ

ンバーとは向き合うように心がけました。何らかの報告があったら、必ず、「で、どうするの？」と問いかける。そして、自分の頭で「ネクストステップ」を考えさせ、自分の意見として伝えてもらう。それに対してフィードバックを返すことで、ディスカッションを深めていくのです。このプロセスを経なければ、メンバーの自律的な成長を促すPDCAが回っていかないからです。

「自分の頭で考える」から会議は成立する

　そして、「自分の頭で考える」ことこそが会議の本質でもあります。
　当たり前のことですが、参加メンバー全員が自分の頭で考え、自分の意見をもつことがなければ、そもそもディスカッションが成立しないからです。異なる意見をぶつけ合うことで、よりよい意思決定を導き出すのがディスカッションであり、そのようなディスカッションを実現することにこそ会議の意味があるのです。
　逆に、「指示」「命令」に慣れた「自分の頭で考えない」メンバーが集まった会議ではディスカッションは成立しません。その結果、「マネジャーの独演会」や「数人のメンバーが議論を牛耳る不毛な会議」が生まれてしまうのです（図9-3）。

　そのような「低品質の会議」を生み出さないためにも、日ごろからメンバーの報告にどう対応するかが非常に重要です。報告だけではありません。「報連相」のすべてに同じことが言えます。
　メンバーからの連絡があった場合にも「で、どうするの？」、相談があった場合にも「君はどうすべきだと思うの？」「どうしたいの？」と尋ねる。徹底的に自分の頭で「ネクストステップ」を考えさせる。そして、自分の意見として伝えさせる。それに対してフィードバックを返しながら、自分で「答え」を見つけるように導く。こうして、自分の頭で考えるメンバーを育てることが重要なのです。

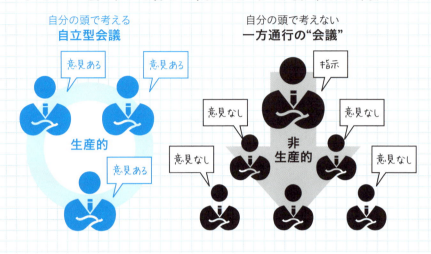

図9-3 「自分の頭で考える」から会議は成立する

　こう言ってもいいでしょう。日頃の「報連相」という1on1ミーティングの品質を高めることによって、はじめて少人数ミーティングや定例会議の品質を高めることに繋がるのだ、と。

　また、常に「報告＋ネクストステップ」を求めることには、もうひとつ重要な意味があります。それは、「結果の良しあし」ではなく、「ネクストステップ」に意識をフォーカスさせることができることです。つまり、結果を裁くのではなく、常に「問題解決するにはどうすればいいか？」を共に考えるスタンスを明示することに繋がるのです。
　この意識をメンバー間で共有することができれば、必ず自由闊達で前向きなチームの風土が生まれます。「ネクストステップ」が、チームの生産性を高める強いエンジンとなってくれるのです。

「何を決めるのか?」を明確にする

「議題」「議事録」は一つのフォーマットでOK

　会議は意思決定のために行うものです。
　つまり、「決める」ために行うということ。だから、事前に「何を決めるのか?」を共有しておくとともに、事後に「何が決まったのか?」が明確になっていない会議は、必然的に品質の低いものとなります。
　ところが、これを徹底していない会議を見かけます。メンバーは議題を知らないまま会議に参加し、会議室で初めて議題を知らされる。事前準備はゼロですから、それで議論の質を高めることは望めません。
　さらに、「何が決まったのか?」も明確に知らされなければ、会議の品質は致命的な欠陥を抱えます。なぜなら、マネジャーが"決まった"と思ったことが実行されないからです。実行の伴わない意思決定は無意味です。会議そのものの存在意義が問われる事態を招くのです。

　だから、私は、定例会議において「何を決めるのか?」「何が決まったのか?」を明確にすることを徹底しました。方法はシンプル。1枚のフォーマットを活用するだけです（図10-1）。このフォーマットをメンバーと共有することで、事前に「何を決めるのか?」＝「議題」を明示するとともに、事後に「何が決まったのか?」＝「議事録」を明確にするのです。
　まず、事前の対応からご説明しましょう。
　ここで行う作業はふたつ。第一に、30分会議の後半15分「アウトプット（意

図10-1 「議題共有」「議事録」のフォーマット

	議題	概要	結論	ネクストステップ	担当
1					
2					
3					
4					
5					

〇年〇月〇日××会議　議題

図10-2 「議題」の記入例

		議題	概要	結論	ネクストステップ	担当
インプット	1 共有	上期目標について	上期目標設定を今週中に実施			
インプット	2 共有	サマータイム出勤の開始	7/1より開始			
インプット	3 共有	進捗確認				
アウトプット	4 提案	ショップ集客の改善提案	ショップでの端末貸出の可否			
アウトプット	5 提案	顧客獲得キャンペーン提案	プレゼント用ストラップのデザイン決定			

〇年〇月〇日××会議　議題

思決定)」のパートで扱う議題の整理です。Lesson 7でお伝えしたとおり、議題は会議日の前々日までの提出を徹底します。その翌日（会議前日）にマネジャーが議題を精査。定例会議で取り上げる必要のないものや、「70点」に至っていない提案をふるいにかけたり、至急のブラッシュアップを要請することによって議題を確定。【図10-2】のように記入します。

このときに、頭のなかで会議の進行状況をシミュレートして、重要なものから順に記入することが大切です。会議でもその順番にディスカッションを進め、時間が足りなくなった場合には、重要性の低いものは少人数ミーティングを別途設けるか、次回定例会議に持ち越すことを決定するわけです。

「情報共有メール」は要点を端的に

第二に、前半15分「インプット」のパートで扱う議題の整理です。会議前日までに明らかになっている「上層部からの伝達事項」「総務・人事関連の共有事項」「チームの目標に関する事項」などを整理。メールで共有すれば済むものはメンバーへの一斉メール送信でOKです（図10-3）。

【図10-3】のケースでは、チームの売上達成率が100%を超えていることもあり、特段、定例会議で注意喚起をする必要がないと判断。また、名刺発注のルール変更については、要点だけ伝えればよいのでメール伝達で十分と判断しています。一方、サマータイム出勤の開始は、出勤時間の変更という重要案件なので、定例会議で特に注意を喚起することにしたわけです（図10-2）。

なお、情報共有案件のメール伝達においては、メンバーがタイトルを見るだけで概要が把握できるように「13文字以内」になるように工夫して、詳細の記された原本資料は社内サーバーへのリンクか資料添付で対応するのがよいでしょう（Lesson17参照）。また、後でメール検索を容易にするために、メールタイトルを「情報共有　20180701」などと、「共通タイトル＋日付」

図10-3 情報共有メールの文例

で統一しておくと便利です。

そして、定例会議でしっかり伝える必要のあるもののみ、【図10-2】のようにフォーマットに記入します。こうして完成したフォーマットと、メンバーから提出された提案書を添付したメールを、会議前日にメンバーに一斉送信するわけです。

「議題」「概要」は箇条書きが原則

フォーマットに記入するうえで注意が必要なのは、さきほどの「情報共有メール」の見出しと同じように、「議題」「概要」の記述を一目でわかるように「13文字以内」を意識して表現することです。これは、会議運営において

きわめて重要なポイントです。

　というのは、議題と提案書を事前共有するのは、参加者全員に事前に目を通してもらって、それぞれ意見をもったうえでディスカッションすることで、会議の品質を高めるためですが、誰もが忙しくしているために、実態としては、そのすべてを読み込むのは難しいケースが多いからです。ですから、少なくとも「議題」「概要」は必ず読んでもらい、それで「何を決めるのか？」だけでも把握してもらう必要があるためです。

　また、このフォーマットに記入するのは、基本的にはマネジャーの仕事ですが、メンバーが議題と提案書を作成する段階から、「13文字以内」を意識してもらうように徹底するとよいでしょう。

議事録は「3つの要素」だけでOK

　「何が決まったか？」＝「議事録」も同じフォーマットを使用します（図10-4）。同じフォーマットを使えば手もかからず便利。わざわざ、別のフォーマットをつくる必要はないのです。

　そして、議事録は箇条書きで十分です。なかには、参加者の発言すべてを口語体で記録する議事録を作成している会社もありますが、率直に言って〝労多くして意味は薄い〟と言わざるを得ません。なぜなら、文字がびっしり書かれた議事録を読み返す人はほぼ皆無だからです。また、「何が決まったのか？」を一目で把握することができないのですから、議事録としての機能も果たさないのです。

　「議事録」において重要なのは、「結論」「ネクストステップ（期日）」「担当者」の3点を明確に記すことです。しかも、一目で理解できるように、文章ではなく要点だけを箇条書きで記す。これが機能する議事録の要件です。

　また、「結論」だけではなく必ず「ネクストステップ」を明確にします。その際に重要なのは、「期日」を明記することです。意思決定したことを実

図10-4 「議事録」の記入例

		議題	概要	結論	ネクストステップ	担当
				○年○月○日××会議　議事録		
1	共有	上期目標について	上期目標設定を今週中に実施	各自、必ず○日までに提出	遅延者への指示	Aさん
2	共有	サマータイム出勤の開始	7/1より開始	なし	なし	なし
3	共有	進捗確認		契約書整理については別途ミーティング	ミーティングのアポ	Bさん
4	提案	ショップ集客の改善提案	ショップでの端末貸出の可否	・施策合意 ・予算再検討	次回会議で予算再提案	Cさん
5	提案	顧客獲得キャンペーン提案	プレゼント用ストラップのデザイン決定	A案に決定	○日までに上層部会議プレゼン資料作成	Dさん

行することに意味があるので、「いつまでに、何をやるか？」を明確にすることは必須。そして、実行のプロセスに入った案件は、以後「図8-2　進捗管理フォーマット」（58ページ）に記入して、そこでフォローをしていくわけです。

もう一点、必須なのが「担当者」を確定することです。これをおろそかにすると、責任主体が不明確になってしまいます。そして、責任主体が明確にならなければ、意思決定した案件が進捗することは100％ありません。ですから、必ず、会議の場で「誰が担当するのか？」を決定して、議事録に明記する必要があるのです。

第3章

会議を変える「1枚のサマリー」

LESSON 11

「1枚のサマリー」で提案をまとめる

「提案書」を変えれば「会議」は変わる

　「30分会議」において、ディスカッションを通じて意思決定を行う「アウトプット」のパートに使える時間は15分です。この短時間にどれだけ多くの「70点の意思決定」ができるか……。これが、「会議の品質」に直結します。

　そのために、私は次のような時間配分をメンバーに徹底しました。提案者のプレゼンテーションは「3分以内」。その後のディスカッションは「10分以内」。その時点で、マネジャーの私が意思決定をする（図11-1）。もちろん、プレゼンは1～2分でもOK。プレゼンは「簡にして要」が鉄則。3分以内でその条件を満たすならば、短いほうがよいのです。

　そして、ディスカッションに必ずしも10分をかける必要はありません。提案に対して参加メンバーから異論がなければ、即座に意思決定をすればいいので1分で終わることもあります。これも、意思決定の「質」さえ担保されるのであれば、短ければ短いほうがよいのです。要するに、会議での発言を「短く的を射た」ものにすることで、意思決定までの時間を最短にすることが重要だということです。

　そのためには、どうすればよいか？
　私は、パッと見た瞬間に提案内容を把握できるような提案書をつくるのがベストだと確信しています。なぜなら、プレゼンは提案書に添って行うものだからです。いわば、提案書はプレゼンの"台本"。この"台本"がシンプ

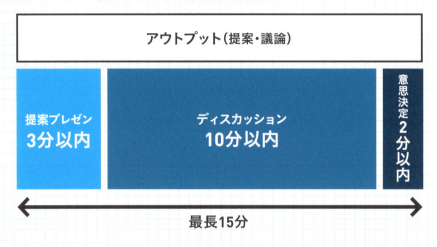

図11-1　1案件の時間配分

ルであれば、自然とプレゼンも短縮化されます。そして、提案の要点や論点が他の参加者に即座に伝わることによって、その後のディスカッションも的を射たものになる。結果、意思決定に要する時間が最短化されるのです。

「提案書」はフォーマット化する

そこで、私は提案書のサマリー（要約）をフォーマット化することにしました（図11-2）。案件によって項目に若干の変動はあるものの、このサマリー・フォーマット1枚でほぼすべての案件をカバーすることができました。そして、この「型」を全メンバーに使ってもらうことで、簡潔なプレゼンとディスカッションを実現することができたのです。

以下、このサマリー・フォーマットのポイントをご説明しましょう。

まず第一に、提案書は箇条書きが基本。業種によってはやむを得ないこと

図11-2　提案書のサマリー・フォーマット

《○○店》来客数増加施策		
課題	店舗来客数の大幅減	
原因	接客接遇が不評	
解決策	店長研修の実施	
効果	顧客満足度90%（8月時点）	
	A案	B案
解決策	店長研修の実施	全スタッフ研修の実施
効果	顧客満足度90%	顧客満足度90%
スケジュール	4/1〜4/30	4/1〜5/30
メリット	コスト30万円・運営継続	満足度の低い店舗の全員を再教育
デメリット	店長からスタッフへの浸透に時間要	・コスト100万円 ・休業による機会損失

もあるでしょうが、基本的に提案書を文章で書くべきではありません。Lesson17で詳しくご説明しますが、文章で書かれた資料は要点がわかりにくいうえに、作成に膨大な時間がかかるからです。このサマリーのように、箇条書きでまとめるのが最も効率的なのです。

　第二に、フォーマット化することで、マネジャーはもちろん他のメンバーが一瞬で内容を把握することができるようになります。
　想像してみてください。各メンバーが思い思いの提案書をつくって会議にかければ、「どこに何が書いてあるか？」をいちいち探さなければなりませ

ん。それが、すでにムダなのです。
　ところが、統一フォーマットを使えば、一瞬で「どこに何が書いてあるのか？」がわかりますから、このムダが消えてなくなります。提案内容の概要をほんの数秒で把握でき、真っすぐディスカッションへと移行できるのです。統一フォーマットは、会議のストレスを軽減するとともに、時短に絶大な効果を発揮してくれるのです。

　第三に、メンバーの提案内容に"抜け漏れ"がなくなるという効果があります。フォーマット化されているということは、メンバーは項目のすべてを"埋める"必要があるということ。このフォーマットには、「課題」「解決策」「効果予測」「スケジュール」「コスト」など、意思決定を引き出すために不可欠な項目が網羅されていますから、その項目を埋めることによって"抜け漏れ"が必然的になくなるのです。
　これによって、メンバーの提案書作成が効率化するとともに、提案書の差し戻しなどマネジャーの手間も省けるというメリットが生まれるのです。

会議では「要点→詳細」を徹底する

　そして、第四のポイントは、サマリー（要約）を必須とすることで、会議はもちろん、仕事上のコミュニケーションにおいては、必ず「要点→詳細」というステップを踏むという基本を、メンバーに徹底することに繋がることです。
　要領を得ないコミュニケーションは、ビジネスにおける生産性を決定的に傷つけます。長々と説明しても相手には「何が言いたいのか？」がわからない。だから、真意を確認するために質問を繰り返さなければならない……。これでは、コミュニケーション・コストがかかりすぎて、生産性が上がるはずがありません。
　効率的なコミュニケーションを行うために最も重要なのは、「要するに何

図11-3 「要点→詳細」がコミュニケーションの基本

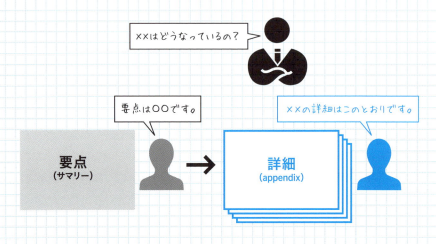

図11-4 提案書は「サマリー＋アペンディックス」

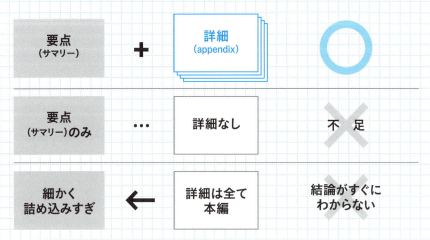

が言いたいのか？」＝「要点」を明確にすることです。そして、第一声でそれを伝える。詳細は、そのあと説明すればいい。つまり、「要点→詳細」を徹底することが生産性を上げる重要なポイントなのです（図11-3）。

そして、そのようなコミュニケーションが徹底されているチームの会議は、当然、品質が高くなります。そのためにも、1枚のサマリー・フォーマットで提案書を統一する必要があるのです。

もちろん、これはあくまでサマリー（要約）ですから、このサマリーを補足する「詳細資料」＝「アペンディックス」を用意しなければなりません（図11-4）。会議におけるプレゼンはサマリーに沿って手短に行い、ディスカッションにおいて質問されれば、アペンディックスを示しながら回答する。この形をとることで、最短距離で意思決定に到達できるのです。

LESSON 12

「ワンテーマ」に絞って
シンプルな議題にする

「複雑な意思決定」はできるだけ排除する

　Lesson11でご紹介したサマリー・フォーマットには、もうひとつ重要な意味があります。あれだけシンプルなフォーマットですから、複雑な提案をするのは難しい、ということです。
　「それは、むしろ制約になるのではないか？」。そんな疑問の声が聞こえてきそうですが、逆です。意思決定スピードを上げて、意思決定回数を増加させるためには、複雑な提案こそ排除しなければなりません。そもそも、複雑な提案を3分のプレゼンで伝えるのは困難。ディスカッションも長時間に及ぶ結果を招くうえに、結論にまで至らないという事態さえ引き起こしかねません。
　むしろ、「ワンテーマ」に絞った議題にするからこそ、会議の品質は向上します。そのためにサマリー・フォーマットの制約が効力を発揮するのです。

　たとえば、次のようなケースを考えてみましょう。
　ある小売企業で店舗の来客数が大幅に減少していたため、上層部から対応策を考えるように指示があったとします。マネジャーは担当チームを決め、対応策の検討を開始。担当チームは、その店舗のあらゆる課題を洗い出して検討した結果、「接客接遇の改善」「店舗のクリーンネス（清掃）」「店舗外装の変更」「什器の入れ替え」などの施策を総合的に進めるべきだと結論。「接客接遇研修の内容」「外装のデザイン」「什器の選定」「スタッフに徹底させ

る清掃ルール」など、それぞれの詳細を詰めていきました。

　この場合、提案内容のすべてを1回の定例会議で済まそうとすれば、とてもではありませんが、1枚のサマリー・フォーマットに落とし込むのは難しいでしょう。「すべてを同時に進めるのか？」「それとも、優先順位をつけて順次スタートするのか？」「接客接遇を優先するならば、なぜ、それを優先するのか？」「どんな研修内容なのか？」「外装のデザインをどう変えるのか？」「どんな什器を選ぶのか？」「どんな清掃ルールなのか？」「予算はいくら？」「実施スケジュールは？」……。このように、説明しなければならないことが多すぎるからです。

　そもそも、これらすべてを1回の定例会議に提案すれば、ディスカッションに何時間かかるかわかりません。当然、メンバーの集中力は落ち、質の低い意思決定しか望むことはできないでしょう。

テーマを小分けにして「意思決定スピード」を上げる

　ですから、私は提案するテーマを「小分け」にすることをチームで徹底しました（図12−1）。

　先ほどのケースであれば、まず最初に、一連の施策を総合的に進めることを提案します。そのうえで、最優先すべき施策として「店長研修」を提案、その後、順次、「清掃のルール化」「什器の入れ替え」「外装デザインの変更」と各論について提案していくのです。

　このようにテーマを小分けにすれば、1枚のサマリー・フォーマットにまとめることが容易になります。そして、「3分プレゼン＋10分ディスカッション」＝「最速の意思決定」を実現することができるのです。

　テーマを小分けにすることには、もうひとつ重要な意味があります。そうすることで、着実に"陣地"を広げていくことができるのです。

　どういうことか？　このケースは上層部からの指示に応えるものですか

図12-1　テーマを小分けにして「最速の意思決定」を生む

	対象	アクション
接客待遇改善	❶ 研修の実施	店長研修
ショップクリーンネス	❷ 清掃の徹底	清掃のルール化 ミステリーショッパー導入
店舗	❸ 什器入れ替え	什器デザイン刷新 什器刷新店舗の選定 什器入れ替え実施
	❹ 外装変更	外装変更店舗の選定 外装変更の実施

❶→❷→❸→❹ の順に小分けして意思決定をする

ら、定例会議でGOサインを出したあと、当然、上層部の会議にかける必要があります。そのときに、たとえば「店舗外装の変更」の具体策を上層部の会議にかけたところ、「新しい外装デザインがイメージに合わない」と差し戻しになったとしても、すでに「店舗外装の変更」を行うことの決裁を得ているならば、再度、外装デザインについてのみ再提案するだけで済みます。つまり、それまでの提案で確保した"陣地"のラインを超えて撤退する必要がないのです。

　もしも、すべてを1回の提案で上層部の会議の決裁を得ようとしたら、どうなるでしょうか？「あれもこれも」と詳細にわたる提案をすると、往々にして細部をつつくような指摘をされるものです。おそらく「外装デザイン」だけではなく、「あれもこれも」とダメ出しをされる。その結果、すべてを差し戻されてしまう危険性があるのです。そうなると、獲得した"陣地"は

ゼロ。それまでに担当チームが積み上げてきた努力と時間がすべてパーになってしまうのです。これでは、あまりに非効率ですし、上層部の会議で決裁を得られなかったマネジャーに対するメンバーの信頼も傷つくでしょう。

　だからこそ、テーマを小分けにして、一つひとつ上層部の決裁を獲得していくことで、着実に"陣地"を広げる戦略が重要なのです。

　しかも、テーマを小分けにすることによって、提案にもスピード感が生まれます。詳細まですべて詰めようとすると、どうしても時間がかかりますし、担当チームも「もしも、否決されたら……」と不安を覚えることになるでしょう。それでは、チームの生産性にマイナス影響を及ぼすうえに、指示を出した上層部からは「いつまでかかるんだ？」とマネジャーはもとよりチームに対する心証まで悪くしてしまいます。

　そのような事態を招かないためにも、テーマは小分けにして、短いサイクルでリズム感をもって意思決定をしていくことが大切です。もちろん、上層部から差し戻しになる提案もあるでしょうが、それは、上層部と担当チームのコミュニケーションだと思えばいいのです。そのコミュニケーションを通して、担当チームは上層部の考え方や意図を深く理解して、より適切な提案ができるようになるはずです。その結果、意思決定スピードが加速し、生産性も上がっていくのです。

LESSON 13

「ロジック」を
メンバーで共有する

サマリーは「現状分析＋提案」で構成する

　会議でのプレゼンとディスカッションは、シンプルかつロジカル（論理的）でなければなりません。シンプルでなければ短時間で意思決定することができませんし、ロジカルでなければ「70点の意思決定」は不可能です。そして、Lesson11でご紹介した提案書のサマリー・フォーマットはシンプルなだけではなく、ロジカルな構成を意識してつくられています。

　まず、【図13−1】のように、サマリーは大きく2つのパートから成り立っています。「現状分析」と「提案」です。「現状分析」では第一に「解決しなければならない課題は何か？」という課題設定を明確にしたうえで、第二に「その課題が生じる原因は何か？」を提示します。それを踏まえて、「提案」において、「その原因を解消する解決策」を提案するとともに、「その解決策を実施した結果、期待される効果」を示します。

　このように、「現状分析＋提案」というロジックを備えていることが、意思決定を行うためには必須です（図13−2）。そもそも「現状分析」が甘ければ、それを踏まえて提案される「解決策」が適切である可能性はゼロですから、まず「現状分析」をチェックする。そのうえで、「提案」の中身を吟味。この「提案」に実現可能性があり、かつ成功確率が「7割以上」と判断できれば、GOサインを出すことができるのです。

　なお、「提案」においては「その解決策を実施するために必要なコスト」

図13-1 サマリーは「現状分析＋提案」で構成する

《〇〇店》来客数増加施策		
現状分析	課　題	店舗来客数の大幅減
	原　因	接客接遇が不評
提案	解決策	【A案】店長研修の実施 ← 推奨案は目立たせる
		【B案】全スタッフ研修の実施
	効　果	顧客満足度90%（8月時点） ← KPIとなる（Lesson15参照）
	スケジュール	【A案】4/1～4/30
		【B案】4/1～5/30
	コスト	【A案】30万円
		【B案】100万円

図13-2 意思決定に不可欠な二つの要素

1 現状分析

- 何が「課題」か？
- その課題が生じる原因は何か？

2 提 案

- 「原因」を解消する「解決策」
- 「解決策」を実施した「効果予測」

と「スケジュール」は必ず明記する必要があります。費用対効果が意思決定に不可欠なのは言うまでもありませんから、「コスト」を明記するのは当然ですし、どんなに適切な「解決策」であっても時機を逃せば効果は見込めませんから「スケジュール」も必須。この2点を明記しなければ、サマリーとしては不十分と言わざるを得ないのです。

会議の品質を高めるたったひとつの「ロジック展開」

さらに、このサマリーには【図13-3】のロジック展開が埋め込まれています。私は、一般的な事業会社においては、このロジック展開がきちんと組み上げられた提案であれば、ほぼすべての提案事項に対して即決で意思決定できると考えています。よほどクリエイティブな業種でなければ、事業会社で意思決定が求められるのは「問題解決」に関する案件が大半を占めるからです。

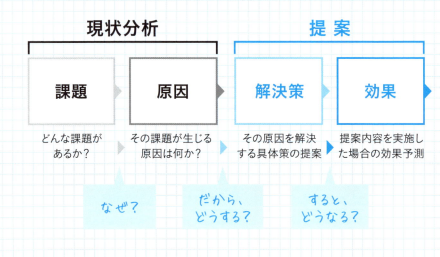

図13-3 提案書サマリーに必須の「ロジック展開」

実際、私は、ソフトバンク時代に、このロジックの「型」をメンバーで共有することで、プレゼン、ディスカッションが的を射たものになり、的確な意思決定ができるようになりました。

　そのために、提案書のサマリーも、【図13-1】のように「課題」「原因」「解決策」「効果」と明記しているのです。重要なのは、「1課題」「2原因」「3解決策」「4効果」の4つが、この順番で並んでいること。そして、それぞれが「なぜ？」「だから、どうする？」「すると、どうなる？」という言葉で繋がっていること。これを意識することで、提案には自然と強力なロジックが備わるのです。

「なぜ？」「だから、どうする？」「すると、どうなる？」

　具体的に考えてみましょう。
　Lesson12の小売企業のケースであれば、「課題」は「店舗来客数の大幅減少」となります。
　次に、「なぜ？」という問いかけに対する答えを打ち出します。おそらく、担当チームは、顧客アンケート、スタッフアンケート、あるいはミステリーショッパーの調査などの方法によって、「来客数減の原因」を追求したはずです。その結果、「接客接遇の不評」「店舗が汚れている」「店舗外装の陳腐化」「什器が古い」などの原因が見えてきたわけです。
　Lesson12で述べたように、テーマは小分けにするのが鉄則。ですから、このように「原因」が複数あるときには、どれか1つの原因に絞って検討を深めます。ここでは、「接客接遇の不評」をテーマに提案書を作成することを考えることにします。ちなみに、ここまでが「現状分析」に当たるパーツになります。

　続いて、「だから、どうする？」という問いかけに答えます。

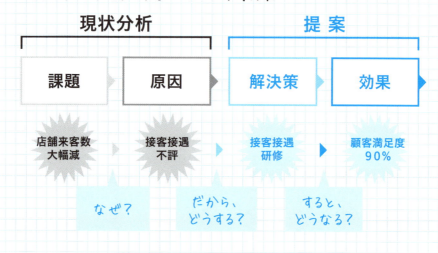

図13-4 具体的なロジック展開

「来客数減」の原因が「接客接遇の不評」にあるという現状分析に対して、「こうすれば、その原因が解消できる」と提案するわけです。「店長に対する接客接遇研修を実施しよう」「いや、スタッフ全員に研修をしたほうがいいのではないか？」「接客接遇マニュアルを配布するのはどうか？」……。こうした検討を加えたうえで、そのなかで最も有効な解決策を提案する。あるいは、【図13-1】のように、A案B案の両論併記で意思決定を求めるわけです。意思決定に際しては、比較検討することでよりよいほうを選択するプロセスが重要ですから、できるだけ両論併記の形で提案するのが望ましいと私は考えています。

さらに、「すると、どうなる？」という問いに答えます。
たとえば、「店長に対する接客接遇研修」を提案するならば、費用対効果を試算するなどして、その「効果」をできる限り数値化するのです。

もちろん、実際にやってみなければ、どのような効果が生まれるかはわかりませんが、できるだけ精度の高い試算を示すことが大切です。その効果が大きいことに説得力が備わっていれば、即座に意思決定することが可能になるからです（図13-4）。なお、この「効果」に示した数値がKPI（key performance indicator）となります（Lesson15参照）。

　つまり、この4つのロジック展開が明記されている【図13-1】のサマリーは、きわめてシンプルでありながら、同時に強力な説得力をもつフォーマットなのです。こう言ってもいいでしょう。このフォーマットを埋めるために、メンバーが提案内容を練り上げることによって、会議に提出される提案そのもののレベルが上がる、と。

　さらに、このロジック展開をメンバーが共有することによって、ディスカッションの質も高まります。なぜなら、「課題設定は適切か？」「原因分析は十分か？」「解決策に説得力はあるか？」「効果予測は現実的か？」など、論点が明確になるからです。そして、質の高いディスカッションから、精度の高い意思決定は生み出されるのです。

LESSON 14

「結論＋根拠」でロジカルな議論を徹底する

「詳細情報」はアペンディックスに回す

　ここまで、提案書のサマリー・フォーマットについてご説明してきましたが、もちろん、提案書はこれだけで完結するわけではありません。これはあくまでサマリー（要旨）。Lesson11でも触れたように、「要点→詳細」がコミュニケーションの基本ですから、サマリーに記した内容に関する詳細情報はアペンディックス（添付資料）として用意しておかなければなりません。

　たとえば、Lesson12の小売企業のケースであれば、「店舗来客数の大幅減少」という大テーマに対して、まずは「接客接遇の向上」にフォーカスをして改善提案をしようとしています。この場合、「課題」には「顧客満足度の低下」と記していますが、その詳細は【図14-1】のようなアペンディックスとして用意しておく必要があります。

　プレゼンのときに、「このグラフのように、今年2月から急激に顧客満足度が低下する傾向があります」とアペンディックスを示しながら説明してもよいし、プレゼンでは詳細には触れず、ディスカッションのなかで「顧客満足度はどのくらい下がってるの？」などと質問されたときにアペンディックスを示しながら回答してもよいでしょう。

　いずれにしても、サマリーに掲げた項目の詳細情報（データ）は必ずアペンディックスとしてストックしておく必要があります。逆にいえば、詳細情報はアペンディックスとしてもっておけばよいから、サマリーを徹底的にシ

図14-1　詳細情報はアペンディックスに回す

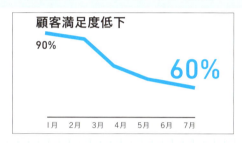

ンプルにすることができる、というわけです。

「結論＋根拠」がロジカルな議論の基本

　このように、「要点→詳細」に徹することでシンプルな提案書サマリーは実現するのですが、その際に、もう一点、徹底すべきことがあります。それは、「結論」は必ず「根拠」に支えられなければならないということです（図14-2）。

　当然のことです。会議における議論はシンプルかつロジカルであるのが鉄則。そして、ロジカルであるとは、「結論が明確な根拠に基づいている」ことにほかなりません。サマリーには「結論」しか書きませんから、その「根拠（＝詳細）」を明示するアペンディックスがなければ、それはロジカルな提案とは言えないのです。

前記の小売企業のケースでいえば、まずは「接客接遇の向上」について提案しようとしているわけですが、なぜ、「清掃の徹底」や「外装の変更」よりも「接客接遇」を優先するのかについて説得力のある根拠（データ）を見せる必要があります。

　そこで、「顧客アンケート」において「接客接遇」が顧客の不満足要素のトップであるグラフをアペンディックスとして用意するわけです。逆に言えば、明確な根拠を示すことさえできれば、「ならば、接客接遇を最優先にするのが当然だな」と即座に判断することができるのです。

　このように、サマリーには「結論」のみを簡潔に示し、「根拠（データ）」はアペンディックスでカバーする。このように「結論」と「根拠」はワンセットであるという認識をチームのなかで徹底することが重要です。

　さらに、この「結論＋根拠」が、「課題」→「原因」→「解決策」→「効果」というロジック展開とうまくかみ合っていなければなりません。小売企業のケースでいえば、次のような「根拠」を必ず用意するのです。

- 「課題」＝「顧客満足度の低下」←【根拠】顧客アンケート結果（来客数減少という大テーマのなかで「顧客満足度改善」を優先すべき理由）など
- 「原因」＝「接客接遇が不評」←【根拠】顧客アンケート結果（接客接遇を最優先にすべき理由）、顧客満足度低下を示すデータ（詳細データとして）など
- 「解決策」＝「店長研修の実施」←【根拠】新任店長である事実（スタッフ研修より優先すべき理由）、店長研修と全スタッフ研修の費用比較（まずは安価な店長研修から着手すべき理由）など
- 「効果」＝「顧客満足度90％」←【根拠】接客接遇研修企業の実績データ、自社他店舗での実績データなど
- 「スケジュール」＝「4/1〜4/30」←【根拠】接客接遇研修企業の実

図14-2 「結論」は「根拠」に支えられなければならない

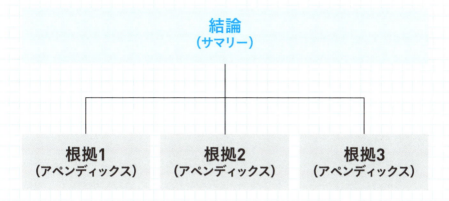

図14-3 ロジカルな提案資料のイメージ

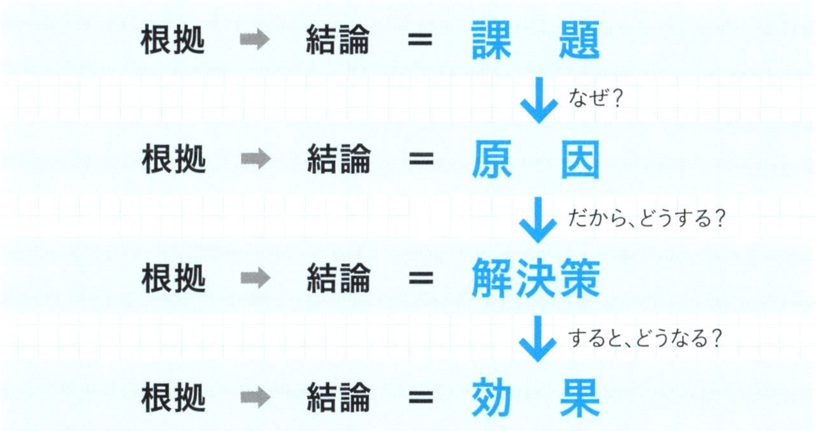

根拠 ➡ 結論 ＝ **課　題**
　　　　　　　　　　⬇ なぜ？
根拠 ➡ 結論 ＝ **原　因**
　　　　　　　　　　⬇ だから、どうする？
根拠 ➡ 結論 ＝ **解決策**
　　　　　　　　　　⬇ すると、どうなる？
根拠 ➡ 結論 ＝ **効　果**

績データ、店長スケジュール（店長の業務遂行を妨げない範囲のスケジュールであること）
- **「コスト」＝「30万円」**←**【根拠】**接客接遇研修企業の実績データ、自社他店舗での実績データなど

このように、「課題」→「原因」→「解決策」→「効果」というロジック展開が、しっかりと「根拠＋結論」で支えられていることが、ロジカルな提案の条件です（図14-3）。そのためには、サマリーに掲げる項目ごとに「根拠」となるデータをしっかり用意することを、メンバーに徹底してもらう必要があります。

ですから、マネジャーは、メンバーが提案資料をつくっている過程において、1on1ミーティングや少人数ミーティングなどの場で、随時、「この結論の根拠は？」などと質問を投げかけることです。これを徹底することで、提案資料の水準が上がり、結果として「会議の品質」が劇的に向上するのです。

なお、チーム内の会議の資料には手間をかけないのが鉄則ですから、多少読みづらかったとしても、アペンディックスには元データを貼り付けるだけで十分でしょう。

LESSON 15

「これ」でPDCAを最速で回す

KPIが意思決定の「判断軸」である

　すでに述べたように、定例会議はチームが担っているプロジェクトのPDCAを回す機能を担っています。そのPDCAサイクルにおいて、適時的確な意思決定を行うために不可欠なのがKPI（key performance indicator）です。

　ご存知のとおり、KPIとは、目標達成度を評価するための主要業績評価指標のこと。Plan（実行計画）の段階でKPIを設定し、Do（実行）した結果をKPIと比較することでCheck（検証）して、次のActionに活かしていくわけです。

　そして、検証時の意思決定は、【図3-4】（33ページ）で示したとおり大きく3つあります。KPIを達成していれば「①新たな施策」か「②改善策」を意思決定し、達成していなければ「②改善策」か「③撤退」を意思決定するのですが、これらの意思決定を行う判断軸になるのがKPIなのです。ですから、提案書サマリーに必ずKPIを明記するように徹底するようにしたうえで、その妥当性についてディスカッションするのは会議の重要なテーマとなります。

　まず第一に、KPIはできる限り「定量的」に判断できるように、「数値化」することが大切です。

　もちろん、「定性的」なKPIにせざるを得ない場合もありますし、完全に

「定量化」するのが難しい場合もあります。しかし、「定性的」なKPIでは、どうしても達成度の評価・検証が主観的であやふやになりがちで、PDCAにおける意思決定に明確性が欠ける結果を招きがちです。

ですから、できる限り「定量的なKPI」を設定することを原則とすべきです。重要なのは、最初にGOサインを出すときの会議で、メンバーとしっかりコミュニケーションをとって、「定量的なKPI」に対するコンセンサスを一定程度確立することです。

実際には、実行してみると想定外の問題が明らかになり、そのKPIに問題があることがわかる場合もありますが、それもPDCAの一環。そのときには、改めて会議の場でメンバーとともに実態に即したKPIを設定すればいいのです。まずは意思決定して実行してみる。そこから学んで、次のチャレンジに活かすことで精度を上げていく。これは、KPIにも当てはまることなのです。

「数値」「時期」「タイミング」を必ず明記する

ただし、「数値」を明確にするだけではKPIとしては不完全。さらに「達成すべき期間」と「検証のタイミング」を明確にしておく必要があります。ビジネスは「時間との勝負」ですから、KPI達成に時間的制約を設けるのは当然のことです。また、「検証するタイミング」もあらかじめ決めておかなければ、PDCAサイクルをスムースに回すことはできません。

つまり、会議においては、KPIに関して「数値」「期間」「検証タイミング」の3つの要素を確定する必要があるということです。そのためには、各種会議資料に3つの要素を明記することをチーム内で徹底する必要があります。

まず、提案書サマリーには「KPIの数値」と「達成すべき期間」を記入する項目が必須です（図13-1、85ページ）。また、提案書のアペンディック

図15-1　KPIが意思決定の軸である

・新たな施策
・改善案
・撤退

Action　　**Plan**

・KPIの設定

Check　　**Do**

・KPIの検証　　　　　　　　　　・実行

図15-2　KPIに欠かせない3つの要素

	要件	明記すべき資料
数値	できるだけ「定量的」に評価できるように「数値化」する	・提案書サマリー（図13-1）
達成すべき期間	「ビジネス上の要請」に「現実的可能性」を加味して決定する	・提案書サマリー（図13-1）
検証タイミング	提案の段階で「検証タイミング」も確定しておく	・スケジュール・フォーマット（図8-1）

スとして必須のスケジュール・フォーマット（図8−1、58ページ）には「検証するタイミング」を明記。「検証タイミング」が近づいてきたときには、マネジャーが担当者に「報告＋ネクストステップ」の準備をするように注意を促します。

　なお、実施中の重要プロジェクトについては、KPI達成率を随時チェックすることを心がけたほうがよいでしょう。そして、万一、KPI達成率が大幅に未達であるなどの事態が起きていれば、「検証タイミング」を待たずとも、1on1ミーティングや少人数ミーティングを設定して、担当者と「改善策」について議論する機会を設けるべきです。問題には先手を打つのが、マネジャーの仕事なのです。

LESSON 16

「意思決定」の3大ポイント

「本当に利益をもたらすのか？」という財務的視点

　企業の意思決定においては、絶対に押さえておかなければならないポイントがあります。提出される提案書、その提案書に基づいて行われるディスカッション、そして意思決定に至るまで、このポイントが一貫して意識されていることが「会議の品質」に直結するのです（図16-1）。

図16-1　絶対に押さえるべき3つのポイント

1 財務的視点	「本当に利益を生み出すのか？」
2 実現可能性	「本当に現場でうまく回せるのか？」
3 企業理念との整合性	「会社の理念と合っているのか？」

まず第一に、あらゆる意思決定は「会社に利益をもたらすもの」でなければなりません。当たり前のことですが、企業はあくまで「営利事業体」。利益を出さなければ事業を継続することはできませんから、「儲からないだろうけど、おもしろいアイデアだ」などという理由でGOサインを出すことは許されません。

ですから、現状よりも収益アップやコストカットなど、何らかの財務的なデータが改善されることが一定の確率以上で見込まれることが、意思決定の判断基準となります。

「より多く」「より速く」が判断基準

では、この「財務的視点」による意思決定をスピーディに行うためにはどうすればいいでしょうか？

最も効果的なのは、社内に基準となるルールが整備されていることです。たとえば、財務部門が「財務的視点」から事業の適正性をチェックする体制が整っていれば、その基準をクリアしているかどうかをチームで共有しておけば、会議における意思決定もスピーディになるのは明らかです（ただし、融通が効きづらいというデメリットもあります）。

このようなルールが整備されている会社であれば、マネジャーは財務部門と随時コミュニケーションを取りながら、「どういう角度でチェックしているのか？」「基準に変更はないか？」などの情報を得ておくことが大切です。その情報を随時、会議の場でメンバーに伝えておけば、彼らも精度の高い提案書をつくることができるからです。

また、日ごろのコミュニケーションによって、財務部門の信頼を得ておけば、個別の提案に対して"重箱の隅"をつつくようなチェックを避けることにもつながるでしょう。その結果、財務部門からのフィードバックもスピーディになり、その事業に着手するタイミングを早めることができるのです。

図16-2 「財務的判断」の優先順位

1　ベネフィット
利益が1円でも出るのかどうか？

2　インパクト
どちらがより多くの利益をもたらすのか？

3　スピード
どちらがより短期間で利益が出るか？

　もちろん、そのような社内ルールがない会社もあるでしょう。
　その場合には、【図16-2】のように整理すると素早い意思決定が可能になります。
　まず最低限のラインを明確にします。すなわち、「利益が1円でも出るのかどうか？」という判断基準です。当たり前のことですが、「1円の利益も出ない」のであれば、即座にNGと意思決定することができます。つまり、メンバーが提案書をつくる際には、この「最低限のライン」をクリアしている根拠を明示する必要があるということです。
　第二の判断基準は、「どちらがより多くの利益をもたらすのか？」という判断基準です。これも当然ですが、ある課題に対して複数の解決策が存在する場合には、「より多くの利益をもたらす解決策」を選択するわけです。だから、メンバーが提案書をつくる際には、「利益の大小」が一目でわかるようにする必要があります。

では、同程度の利益が見込める場合には、どう考えればいいでしょうか？　第三の判断基準は「スピード」です。つまり、より短期間で利益が出るほうを選択するということです。そのためにも、提案書には必ずスケジュールを明記する必要があるのです。

「現場でうまく回るのか？」という実現可能性

　意思決定において絶対に押さえるべき第二のポイントは「実現可能性」です。どんなにデータ上は効果が見込めるアイデアでも、現場でうまく回せないような提案では意味がありません。

　たとえば、小売店舗で大安売りをすれば、確実に集客を増やすことはできるでしょう。しかし、現場のオペレーションに無理があれば、必ず破綻します。その結果、予測していた集客増は〝画に描いた餅〟となるだけではなく、顧客に迷惑をかけたり、現場のモチベーションを下げるなど、会社に大きな損害を与えかねません。

　このような事態は、いくらでも起こりえます。画期的な販促計画を立てても、営業現場で対応不能かもしれません。あるいは、商品のデザイン変更をしようとしても、工場のラインの組み換えが必要なため実現できないというケースもありえます。

　ですから、意思決定をする際には必ず、この「実現可能性」を確認する必要があります。そのためには、まず、マネジャーが「この提案をすれば、社内の他部署にどのような影響があるか？」を考えることです。そして、提案してきたメンバーに、個別具体的な関係部署を示しながら、「彼らとコミュニケーションを取ったか？」「現場に足を運んで確認したか？」と必ず確認するのです。

　1on1ミーティング、少人数ミーティング、定例会議など、あらゆる機会にこの確認をすることで、メンバーに「実現可能性を確認する」という基本動作を刷り込むことが重要なのです。

「企業理念」に合致しているかどうか？

　第三のポイントは、「企業理念」との整合性です。

　どんなに利益に貢献し、実現可能性があっても、それだけでは足りません。意思決定とは「ある目標を達成するために、複数の選択可能な代替的手段の中から最適なものを選ぶこと」（『大辞林』三省堂）ですが、企業における究極の「目標」とは、企業理念をおいてほかにはないからです。

　企業には、「利益を出す」「顧客を創造する」「事業を継続する」「ブランドを向上する」などさまざまな目標がありますが、それらは究極の目標ではありません。「利益を出す」のも、「顧客を創造する」のも、あくまで「企業理念」を実現するための手段にすぎません。だから、企業における意思決定の根幹には、常に「企業理念」が存在していなければならないのです（図16-3）。

図16-3　すべての意思決定の根幹は「企業理念」にある

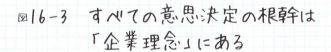

これはきわめて重要なポイントです。すでに Lesson 5 で触れたように、ソフトバンクは「情報革命で人々を幸せに」という理念を掲げていますから、単に「儲かる」というだけでは GO サインは出すことはできません。「情報革命に資するか？」「人々を幸せにするか？」というポイントをクリアしていることが、意思決定における絶対条件でなければならないのです。
　ですから、マネジャー自身が意思決定する際に「企業理念に合致しているか？」という判断基準を堅持するとともに、随時、会議の場でも共有するように努める必要があるのです。

　ここまで述べてきた「3つのポイント」の重要性は、常にメンバーと共有するようにしなければなりません。その結果、提案書の作成にもムダがなくなるとともに、ディスカッションの水準が上がり、スピーディな意思決定が実現するようになります。
　また、上層部の決裁を必要とする場合には、これらのポイントを外した提案は差し戻される可能性が極めて高いでしょう。そのようなことがあれば、再提案するためにメンバーに負荷をかけることになりますから、チームの会議において、これらの点は必ずチェックすることをおすすめします。

LESSON 17

資料は「13文字以内」の「箇条書き」が原則

「文章で書かれた資料」はムダの塊

　会議資料を文章で書いてはなりません。
「シンプル＆ロジカル」が会議資料の鉄則。文章で書かれた資料は、その鉄則に反するものであり、結果として「会議の品質」を大きく損ねるのです。
　私は、これまで数多くの企業の会議資料を拝見してきましたが、ひとつの法則を発見しました。会議資料を長々と文章で書いている企業の会議には非常に長い時間がかかる、すなわちきわめて非効率であるという法則です。
　なかには、その資料を延々と読み上げる会議もありました。時間がかかるのはもとより、参加者はそれを聞いて要点を把握するだけでも一苦労。途中で集中力が切れて、"内職"を始める人が続出するのも当然でしょう。それでは、品質の高い会議が実現できるはずがありません。
　しかも、文章は読まなければならないために、要点をつかむ（理解する）のに、時間と労力を要します。会議はディスカッションを通じて、それぞれの知識、経験を共有することで、よりよい意思決定を導くプロセスです。資料を理解するのにコストをかけるのは、まったく意味がないのです。

　そもそも、長々と文章を書き連ねる会議資料をつくるのには膨大な時間がかかります。この"見えないコスト"が確実にチームの生産性を下げることになります。
　上層部の会議にかける資料であればいざ知らず、チームの定例会議にかけ

る資料にかける時間と労力はできるだけ省くべきです。その意味では、文章を書き連ねる提案書がNGであるだけではなく、デザイン的につくり込んだ資料も不要と言えます。

「箇条書き」こそがロジカルな表現

解決策はシンプルです。会議資料は「箇条書き」を原則とすればいいのです。Lesson11でお伝えしたように「要点→詳細」が鉄則ですから、その要点だけを箇条書きにする。それだけで、格段に会議は効率的になります。

実例を示しましょう。次の文章を読んでください。

〇〇店の来客者数は4月から減少傾向が顕著となり、2月からの半年で3分の1にまで落ち込んでいる。早急な対応が必要である。原因を探るために、毎月実施している顧客満足度調査を集計したところ、1月に90％だった満足度は7月に60％にまで落ち込んでいることがわかった。不満足要素は、接客接遇、店内が汚い、外装が汚い、商品が悪い、電波状況が悪いなど複数あるが、なかでも最も件数が多かったのが接客接遇である。そこで、まずは接客接遇の改善から着手すべきだと考えている。

理解するのに時間がかかるはずです。しかし、実際には非常にシンプルなことしか言っていません。箇条書きにすれば一目瞭然です。

【課題】 来客数減少
【原因】 顧客満足度の低下
【解決策】 接客接遇の改善

文章にするからややこしいだけで、要点をまとめればこれだけの話なのです。このように要点を箇条書きにすれば、パッと見た瞬間に、伝えたいこと

の骨子はわかります。
　さらに、要点を補足する内容を箇条書きにします。

【課題】来客数減少
【詳細】・４月から減少傾向顕著
　　　　・直近半年で３分の１

【原因】顧客満足度の低下
【詳細】　１月90％→７月60％

【解決策】接客接遇の改善
【根拠】接客接遇が不満足要素のトップ

　これだけで、先ほどの文章の重要な部分はすべて表現できているのではないでしょうか？　文章ではなく箇条書きにすることの効果を実感されたはずです。会議資料は箇条書きにすることで格段に効率的になるのです。

資料を「読ませて」はならない

　さらに、箇条書きはできるだけ「13文字以内」にすることをお薦めします。
　なぜなら、人間が一度に知覚できる文字数は、少ない人で９文字、多い人で13文字と言われているからです。瞬間的に文字と意味を把握することができる文字数は13文字が上限。これを超えると、意味をつかみ取るのに「読む努力」が必要になるのです。日本最大のニュースサイト「Yahoo!　JAPAN」のニューストピックスの見出しも13文字が上限になっているのも、おそらく、これと同じ理由だと思います。
　だから、会議資料の箇条書きも、できるだけ13文字以内に収めることを原則にするとよいでしょう。とは言え、13文字という制限は、実際に書いてみ

るとなかなかハードルが高いものです。慣れないうちは、箇条書きでも、ついつい「文章」を書いてしまう。そこで、13文字以内にするコツをいくつかご紹介します。

　重要なのは、伝えるべき最重要ポイント以外の要素をすべてカットすることです。第一にカットすべきなのが平仮名です。「〜のための」「〜による」「〜について」といった平仮名は不要です。また、「〜を」などの助詞も省けるものが多いので、日本語としておかしくなければできるだけ取るのがよいでしょう。

〈例文❶〉
【before】売上未達を改善するための戦略提案について（20字）
【after】売上未達改善の戦略提案（11文字）

　平仮名を減らしても意味が通じることがご理解いただけると思います。それだけで文字数をかなり減らすことができるのです。

　また、伝えるべきポイントを明確にして、付随的な要素はすべてカットするようにしてください。

〈例文❷〉
【before】今月も加入者は約4000件の増加が見込まれる（22字）
【after】加入者4000件増（9字）

　この例文の第一の問題は、主語述語のある文章になっていることです。箇条書きに主語述語は基本的に不要です。また、「今月も」「見込まれる」など付随的な要素はカットします。箇条書きは要点だけを伝えることに徹すれば

いいのです。

　さらに、「約4000件」の「約」も基本的に不要です。会議資料は口頭でも説明するのが前提ですから、説明時に口頭で「正確には3983件です」などと補足すれば済むことです。

「箇条書き」は思考力のトレーニングにもなる

　このように、会議資料は「13文字以内の箇条書き」でまとめることをチームのなかで徹底するようにしてください。もちろん、無理やり13文字以内にするために、逆に意味不明になっては意味がありません。ですから、「13文字以内を目指す」という認識で大丈夫です。どうしても長くなってしまう場合は、次のように2行にするのも有効です。

〈例文❸〉
【before】Wifiスポット展開状況の報告と次回への提案について（26字）
【after】Wifiスポット展開状況（12文字）
　　　　　＋Next Step（9文字）

　ともあれ、「13文字以内の箇条書き」が徹底されると、必ず、資料作成スピードが上がるだけではなく、会議の進行もスピーディになります。この効果は、きわめて大きいものがあります。

　さらに、箇条書きにすることで「要するに、自分は何が言いたいのか？」と物事を自分の頭で考えて整理する力をメンバーにつけさせることができます。この力は思考力やプレゼン力に直結しますから、彼らのビジネス・スキルを向上させるためにも、きわめて有効なトレーニングになるのです。

LESSON 18

紙ベースよりデジタルベースの会議が効率的

デジタルベースで「コスト大幅カット」

　私は、紙ベースの会議よりも、デジタルベースの会議のほうが、圧倒的に効率的だと確信しています。

　かつては、私も紙ベースの会議に慣れ親しんでいましたから、ソフトバンク在籍中に「ペーパーゼロ宣言」がされたときには正直戸惑いました。しかし、実際に紙ベースからデジタルベースに変えてみると、会議にかけるコストが驚くほど軽減。その劇的な効果を体感したのです（ソフトバンクでは「ペーパーゼロ宣言」によって年間数億円の経費を削減しました）。

　具体的にご説明しましょう。
　【図18-1】は紙ベースとデジタルベースそれぞれの会議前々日から当日までのプロセスを比較したものです。
　まず指摘できるのは、紙ベースのほうが事務局の負担が大きい（工数が多い）ことです。メンバーから提出された資料から議題一覧を作成したうえで、その議題一覧と提案資料を人数分コピーして全員に配布しなければなりません。さらに、議事録もプリントアウトしたうえで、ファイルに綴じる手間もかかります。
　一方、デジタルベースであれば、議題一覧はサーバに置いたフォーマットに各自記入してもらえれば済みますし、提案資料もプリントアウトしたり、手渡しで配布したりする手間も不要。議事録もサーバに保存すれば終了です。

図18-1 紙ベースとデジタルベースの会議準備プロセス

	紙ベース	デジタルベース
月曜日 (会議前々日)	【メンバー】提案資料の完成版を印刷して提出	【メンバー】議題をフォーマットに記入してメールで申請
		【メンバー】提案資料の暫定版をメールで提出
火曜日 (会議前日)	【事務局】提出資料から議題一覧作成	【メンバー】資料の最終ブラッシュアップ
	【事務局】議題一覧と提案資料を人数分コピー、ホチキス止め	【事務局】事前に議題・資料をメールで共有
	【事務局】メンバーに配布	
水曜日 (会議当日)	【メンバー】配布された資料を各自見ながら発表	【メンバー】資料を最新版にメールで差し替え
	【事務局】議事録を作成し、人数分コピーして配布	【メンバー】プロジェクターに投影しながら発表
		【事務局】議事録を作成し、その場でメール共有

　これだけでも、非常に大きなコストカットとなります。まず、会議の準備に事務局がかける時間が大幅に削減されますから、その分、人件費の圧縮効果があります。さらに、コピー代や紙代もゼロ。議事録の保管スペースも不要ですから、その経費削減効果は非常に大きなものがあります。

　もちろん、デジタルに移行するためには、デバイス導入のイニシャルコストや通信環境のランニングコストなどの投資が必要ですが、定例会議は毎週行いますので、長期的には確実にデジタルへの移行コストを大きく上回る効果をもたらしてくれます。

デジタルベースで「会議の品質」も向上

　コストカット効果だけではありません。
　それ以上に重要なのは、デジタルベースに移行することで、「会議の品質」

そのものを向上できることにあります。

　たとえば、提案資料は会議前々日までの提出が原則ですが、どうしてもデータを完全に揃えることができないケースが多くなります。あるいは、昨今は、日次で取れるデータも増えていますので、できれば最新データを載せた資料で会議に臨みたいものです。

　デジタルベースであれば、資料の差し替えが簡単ですから、これらを実現することができます。私のチームでは、会議前々日までに一旦資料は提出してもらい、メンバー全員に事前配布をしてざっと目を通してもらいますが、会議開始1時間前までに最新データに差し替えることができるように運用していました。その結果、会議の場では常に最新データに基づくプレゼンとディスカッションが可能となりました。これは、紙ベースでは非常に難しいことだと思います。

　そもそも、紙ベースの場合には、いくら事前にチーム全員に資料を配布しても、会議前に目を通すのが難しいものです。なぜなら、会社にいなければ、配布された資料を手にすることができないからです。外出や出張の多い職場では、どうしても会議の場ではじめて資料に目を通すことになりがちだと思います。

　デジタルベースであれば、この問題も解消できます。デバイス（ノートパソコン、タブレット、スマートフォンなど何でもOK）さえあれば、どこにいても事前に資料に目を通すことができます。その結果、会議では全メンバーがすぐにディスカッションに入ることができるうえに、出される質問や意見も鋭いものになるのです。

　さらに、デジタルベースの場合、プロジェクターに資料を投影しながらプレゼンしますから、全メンバーが同じ箇所を見ながら説明を聞くことができます。ディスカッションのときに「〇〇のデータについて質問があります」と言われたときにも、そのページをプロジェクターに映して、全員が同じ

図18-2　紙ベースのデメリット
　　　　デジタルベースのメリット

紙ベースのデメリット	デジタルベースのメリット
・会議の際に資料の確認をするところからスタート	・資料の差し替えがその場で一斉に可能
・修正が大変（再印刷）	・デバイスを限定しない（PC、スマートフォン、タブレットなど）
・保管しても見返さない	・遠隔地であっても最新資料を共有可能
・必要なときすぐに探せない	・カラーで閲覧可能
・保管するのに場所をとる	・同期させると発表者のデバイスで表示しているものと同じもののみ閲覧可能
・印刷コスト、保管コストがかかる	
・カラー印刷は高コスト	

データを共有することで、思考を共有することができます。

　紙ベースの場合には、各自がバラバラに資料を読み出すために、プレゼンもきちんと聞いていないことが多いですし、「○○のデータについて……」と言われても、すぐにそのページを探すことができずに、話についてこれないメンバーも生まれます。

　これ以外にも、デジタルベースのメリットは多々あります。
【図18-2】に紙ベースのデメリットとデジタルベースのメリットをまとめましたので、ご参考ください。そして、デジタルベースに移行することで、会議の品質の向上を実現していただきたいと願っています。

第4章
会議を活性化する「対話術」

LESSON 19

2つの「ブレスト会議」を使い分ける

「アイデア会議」と「Q&A会議」

　繰り返し述べてきたように、会議のゴールは意思決定です。

　ただし、意思決定を求めるべき提案内容をブラッシュアップする過程では、適宜、少人数ミーティングの場でブレインストーミング（ブレスト）を開く必要があります。このブレストを有効に機能させることによって、提案の質を高めることができますから、これも「会議の品質」を高めるうえでは重要なポイントとなります。

　ブレストとは、ご存知のとおり、複数の人が特定のテーマについてそれぞれのアイデアを出し合い、掛け合わせることで新しい発想や解決策を導き出すことを目的としたミーティングのことです。その手法はさまざまなバリエーションがありますが、私は「アイデア会議」と「Q&A会議」の2種類の手法を活用しました。

　両者はそれぞれ役割が異なります。

　「アイデア会議」とは、プロジェクトの初期段階において、発想の幅を広げるために行うものです。担当者だけではどうしてもアイデアが限定されますから、複数の参加者に予算などの制約は無視して、自由にアイデアを出してもらうことで、できる限り多くのアイデアを集めるのです。

　そして、「アイデア会議」で集めたアイデアを、担当者（担当チーム）が「自分の頭」で精査。練り上げた提案を「Q&A会議」において第三者に、予

図19-1 「アイデア会議」と「Q&A会議」

```
         プロジェクト開始
            ↓
┌────────┬──────────┬──────────────────────────────┐
│ 初期段階 │ アイデア会議 │ 【アイデア拡散】                │
│        │          │ 参加者に特定のテーマで自由にアイデアを出してもらう │
└────────┴──────────┴──────────────────────────────┘
            ↓
┌────────┬──────────┬──────────────────────────────┐
│ 最終段階 │ Q&A会議   │ 【アイデア収れん】              │
│        │          │ 参加者に提案内容を質問によって叩いてもらう │
└────────┴──────────┴──────────────────────────────┘
            ↓
         提案内容確定
            ↓
          意思決定
            ↓
           実　行
```

算などの制約も意識しながら、さまざまな角度から質問を投げかけてもらうことによって、提案の精度に磨きをかけたうえで、定例会議などで意思決定にかけるわけです。このプロセスを経れば、当然、提案内容の質が高まりますから、結果として、必然的に意思決定の精度も高くなるのです。

　なお、急ぎの案件の場合には、ブレスト会議にマネジャーが参加して、その場で意思決定することもあり得ます。このあたりについては、柔軟に考えるほうが、意思決定スピードを速くすることができます。【図19-1】のフローは、あくまで概念図ですので、これを忠実になぞることに意味があるわけではないことを申し添えておきます。

ブレスト会議も「30分」が原則

　「アイデア会議」と「Q＆A会議」の進め方については、Lesson20とLesson21でそれぞれご説明しますので、ここでは、どちらにも共通するブ

レスト会議の鉄則について述べておきたいと思います。

　まず、ブレスト会議も「30分限定」と時間的制約を設ける必要があります。すでにお伝えしたように、人間の集中力は15分周期で、連続90分が限界とされています。ブレストは集中力が命ですから、15分×2＝30分がベスト。それ以上やっても、空気がダレるだけで、よいアイデアが出ることはありません。それよりも、30分一本勝負で集中力を高めてもらうことで、よりよいアイデアをより多く出すことができるのです。

　それだけではありません。ブレスト会議には、チーム内のメンバーだけではなく、関連部署の担当者にも集まってもらうことがあるのですが、これは業務上は強制できるものではありません。基本的には個々人の任意で集まってもらわなければならないわけです。

　ですから、他部署から「あのチームのブレストは楽しいから参加しようか」と積極的な印象をもってもらうことは、有意義なブレスト会議を実施するためには、極めて重要なことです。

　つまり、参加者に、「ダラダラと無意味な時間を過ごした」と思われたらアウトということ。「思いつく限りのアイデアを出し尽くした」という満足感や、「よいアイデアが生まれた」という達成感などを感じてもらう必要があるのです。そのためにも、「30分限定」で集中してもらうことによって、質の高いブレストを行うべきなのです。

ブレスト会議の参加人数は「7±2」

　また、ブレスト会議の参加人数は「7±2」が原則です。

　経験上、皆さんもおわかりかと思いますが、2〜4人ではアイデアが拡散せず、思いも寄らないアイデアが生まれることは少ないものです。だからといって、人数が多ければいいというわけではありません。一定人数を超えると、必ず会議は暴走を始めるからです。そこで目安となるのが「7±2」の

図19-2 ブレスト人数は「7±2」が原則

アイデアの連鎖が
起こりにくい

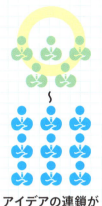

アイデアの連鎖が
起こりやすい

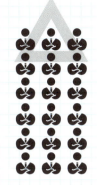

議論が暴走する

法則です（図19-2）。

　この法則は、アメリカの認知心理学者であるジョージ・ミラーが提唱した「マジカル・ナンバー」に基づくものです。ミラーは、人間が瞬間的に記憶できる情報量の限界は「7±2」であることを発見。この「7±2」をマジカル・ナンバーと名付けたのです。

　マジカル・ナンバーは、いたるところで活用されています。たとえば、電話番号は「○○○-○○○-○○○○」と区切って表記されますが、それは「○○○○○○○○○○」と表記すると、全部で10の数字が並ぶために、即座に数字を把握できないからです。そこで、ハイフンによって、１つの情報の塊を「7±2」以下に収まるようにしているのです。

　これは、ブレスト会議の人数にもあてはまります。「7±2」以上の人数に増えると、誰が何を言ったのか記憶することができなくなります。その結果、ディスカッションの内容を誰も把握できなくなり、会議が拡散・暴走し

始めるのです。

　本当のことを言えば、定例会議の参加人数も「7±2」が望ましいのですが、これを超える人数を抱えるチームではそうはいきません。しかし、任意参加のブレスト会議においては、参加人数を「5〜9人」に収めることを原則とすべきなのです。

　とはいえ、あくまでベストは「5〜9人」であって「2〜4人」でブレストが成立しないわけではありません。皆さん忙しいですから、ムリに「5〜9人」を集めることに固執する必要はありません。「5〜9人」を集めるのが難しければ、「2〜4人」であってもブレストを行うことを優先すべきでしょう。

ブレスト会議では「否定」しない

　もうひとつ重要な鉄則があります。それは、ブレスト会議では「誰かのアイデアを否定しない」ということです。

　これまで、私はさまざまな企業のブレスト会議に参加してきましたが、「なかなか意見が出ない」「アイデアを出すメンバーが限定的」という光景をよく目にします。これでは、ブレスト会議をやる意味がありません。参加者が自由にアイデアを羽ばたかせて、それをアウトプットするからこそ、思いも寄らないアイデアが生まれ、それらが結びついて「これは！」と思えるアイデアが誕生するのです。

　では、なぜ、このようなブレスト会議が生まれるのか？
　答えはただひとつ。口にしたアイデアを否定されるからです。いくら「自由にアイデアを出して」と言われても、そのアイデアを否定されたら、誰だって傷つきます。そして、「自由に」という言葉を信用できなくなるのです。その結果、声の大きい人ばかりがアイデアを口にして、"お定まり"のアイデアしか生まれないブレスト会議が生まれるわけです。

そして、ブレスト会議を"殺す"可能性が最も高いのが、マネジャーであることを胸に刻まなければなりません。現場のメンバーにとってマネジャーは最も身近な権力者です。その権力者が、出てきたアイデアを否定した瞬間に、メンバーは口を閉ざします。機能するブレスト会議を実現するためには、マネジャーが自らを律することが重要なのです。
　そして、ブレスト会議では、あらゆるアイデアを許容する。マイノリティのアイデアを大切にする。これこそが、ブレスト会議を活性化させる絶対的な鉄則なのです。

LESSON 20

「アイデアの連鎖」が始まる会議の技術

できるだけ「他部署の人物」を巻き込む

　ここでは、2種類のブレスト会議のうち、「アイデア会議」についてご説明します。

　Lesson19で述べたように、この「アイデア会議」は、プロジェクトの初期段階で行うことが多いもので、プロジェクト担当者ひとりでは発想に限りがあるため、「7±2」の参加者にお願いして、自由にアイデアを出してもらうものです。そして、発想を大幅に広げることによって、そのなかから「最適解」を導き出そうとするわけです。

　では、どうすれば実りあるブレストができるのか？
　まず重要なのが、参加者の選定です。そのテーマに知見のあるチームのメンバーに声をかけるのはもちろん、この段階で、そのテーマに関係する他部署の人物に入ってもらうのがベスト。

　Lesson12の小売店の来客数増というテーマであれば、店舗の店長やスタッフなどに参加してもらうのは必須でしょう。現場をいちばんわかっているのは彼らですから、リアリティのあるアイデアを出してくれるはずですし、現場で対応するのは彼らなのですから、議論のスタート時点からかかわることによって、最終的に意思決定された施策に自発的に取り組んでくれる可能性が高まるからです。

　このように、ブレスト会議には、単に「よいアイデアを集める」という機

能だけではなく、実行段階において高いパフォーマンスを上げるために、関係者を巻き込むという重要な機能があることを忘れてはなりません。

「付箋」を使ってアイデアを出す

次に、アイデア出しの道具として「正方形の付箋」を使うのがベストです。

第一に、口頭ベースでやろうとすると、声の大きな人の発言量が増えて、そうではない人からアイデアを引き出すのが難しくなる可能性があります。これでは、ブレストが機能しませんから、参加者には付箋にアイデアを書いてもらいます。そうすれば、必然的に「平等性」が担保できるわけです。

第二に、たくさんアイデアを出すのが「アイデア会議」の目的ですから、口頭だけでは記憶にとどめるのが困難です。その場で記録しようとすれば、その人は記録するのに手いっぱいで会議には加われません。各自が付箋にアイデアを書けば、全員がブレストに没頭することができるのです。

第三に、付箋は剥がしたり貼ったりすることができますから、アイデアを出し終わったあとに、カテゴリー別に整理することが容易にできます。この使い勝手のよさも、付箋を使う大きな理由です。

「アイデア会議」のプロセスは【図20-1】のとおりです。

まず、参加者には事前にブレストのテーマを伝えておきます。このときに注意すべきなのは、予算やスケジュールなどの制約は一切考慮しなくていいと伝えることです。「アイデア会議」で最も重要なのは、幅広いアイデアを集めること。一切の制約を無視して、とにかく効果のありそうなアイデアを出してもらうことが重要なのです。

ちなみに、Lesson19で「アイデアを否定しない」という鉄則について述べましたが、私の経験上、最もアイデアを否定する根拠となるのが予算やスケジュールなどの制約条件です。

もちろん、アイデアを具体的な提案としてまとめる過程では、これらの制

図20-1　アイデア会議のプロセス

	会議前	連絡	・テーマを伝達 ・予算やスケジュールなどの制約は伝えなくてOK
アイデア会議 30分	10分	アイデア出し	・一人最低5つ ・正方形の付箋に書く
	10分	グルーピング	・カテゴリーごとに分類 ・カテゴリーごとにタイトルづけ
	10分	ディスカッション	・アイデアを連鎖させる ・新しい付箋をどんどん追加
	終了時	挨拶	・ネクストステップを伝える ・付箋群を撮影＝議事録

約条件との整合性を図らなければなりませんが、それは、そのプロジェクトの担当者が「アイデア会議」のあとでじっくり考えればいいこと。それに、参加者も"遊び"で集まるわけではありませんから、あまりにも非現実的なアイデアを出してくることはありません。

　むしろ、あまりに"真面目"にやりすぎると、思いも寄らないアイデアが生まれません。そのためにも、「アイデア会議」では、制約を無視して、自由にアイデアを出すことに重きをおくべきなのです。

「30分」を「10分×3」で分割する

　「アイデア会議」がスタートしたら、まず最初の10分で、付箋に各自のアイデアを最低5つ書いてもらいます。本当は、事前に考えてきてくれるとありがたいのですが、みな忙しいので、なかなかそうはいきません。ですから、その場で書いてもらえばいいと割り切っておいたほうが現実的です。

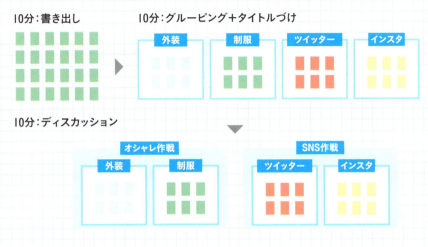

図20-2 共通するアイデアをグルーピングする

　そして、次の10分で、ホワイトボードに付箋を貼りつけながら、似たアイデアをグルーピングして、それぞれにタイトルをつけることによって整理していきます（図20-2）。

　たとえば、「小売店舗の来客数増」がテーマであれば、「外装をオシャレにする」「スタッフの制服をリニューアルする」「看板をかっこよくする」などと書かれた付箋を集めて、マジックでグルッと囲って「オシャレ作戦」などとタイトルをつけるわけです。

　このように、アイデアをある程度整理したうえで、最後の10分で、ディスカッションを行います。いろいろなアイデアを目の前にすれば、そこに新たな結びつきが生まれやすくなります。

　たとえば、上記の「オシャレ作戦」のそばに、「SNS作戦」というタイトルのグループがあって、「ツイッターのフォロワーを増やす」「割引キャンペーンをSNSで発信する」などと書かれた付箋があれば、「オシャレ作戦」

と結びついて、「じゃ、制服のリニューアルも3案くらいつくって、フォロワーさんの投票で決めたら面白くない？」という"思いつき"が生まれるかもしれません。

　そんなアイデアが出れば、それが効果的かどうかは度外視して、付箋に書いて、ホワイトボードの「オシャレ作戦」と「SNS作戦」の真ん中に貼ります。このように、どんどんアイデアの幅を広げていくのです。

　そして、制限時間の30分が近づいたらディスカッションをストップ。「今日出たアイデアをもとに、私のほうでアイデアを練ります。まとまったら、ご報告します」などとネクストステップを伝えれば「アイデア会議」は終了。ホワイトボードをスマホで撮影すれば、議事録も不要です。

ディスカッションは「同じ方向」を向いて行う

　最後に、「アイデア会議」のレイアウトについて触れておきましょう。

　私は、【図20−3】のようなレイアウトで行うようにしていました。最初の10分でアイデアを付箋に書いてもらうときには、みなデスクに向かいますが、そのあとは、全員にホワイトボードの前に集まってもらって、グルーピングからディスカッションまでを行います。

　これは非常に効果的な手法です。なぜなら、座席についたままだと参加者が正面に向かい合う形になってしまうからです。その構図は「対立」を生みやすく、ブレストには不向き。それよりも、ホワイトボードの前で横並びになって、全員が同じ方向を向いて、アイデアの書いてある付箋と向き合うほうが、フラットな共同作業者としての認識を共有しやすいのです。

　そして、お互いのアイデアを「否定」するのではなく、出てきたアイデアに乗っかって、さらに効果的なアイデアが出せないかと知恵を絞る。ここで大切なのは、「正解」を見つけ出すことではなく、アイデアを連鎖させて新たなアイデアを次々と生み出すことです。自分のアイデアをもとに誰かが新しいアイデアを出してくれれば、誰だって楽しくなってきます。この循環を

図20-3 「アイデア会議」のレイアウト例

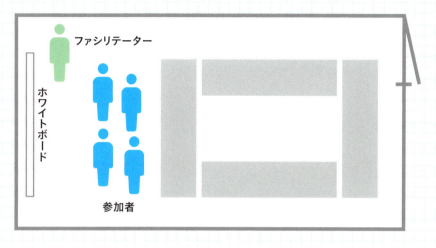

生み出すことに集中することが重要です。

　もちろん、時には、ディスカッションがテーマから脱線してしまうこともありますが、それも、「アイデア出し」が盛り上がっている証拠。決して悪いことではありません。ファシリテーションをするプロジェクト担当者は、「テーマと違います」などと否定するのではなく、「そのアイデアを、今日のテーマに結び付けられませんか？」などと、やんわりと軌道修正を促せば十分でしょう。

　そして、ディスカッションが盛り上がれば、自然と豊富なアイデアが手に入るとともに、参加者に「楽しかった」という満足感が芽生えます。この満足感が、プロジェクトを推進する原動力にもなってくれるのです。

　そのためには、参加者が「同じ方向を向いてディスカッションをする」というシチュエーションがきわめて重要なのです。

LESSON 21

「Q&A会議」で提案を磨き上げる

「Q&A会議」で社内合意を得る

　ここでは、2種類のブレスト会議のうち、「Q&A会議」についてご説明します。

　Lesson19で述べたように、この「Q&A会議」は、プロジェクト担当者がかなりの程度、提案内容を固めた段階で行うことが多いもので、その提案書のドラフトを共有したうえで、参加者から質問を投げかけてもらうことで、「"抜け漏れ"はないか？」「論理的に整合性があるか？」などを確認する会議です。

　この会議は、比較的小さな案件の場合にはわざわざ開く必要はありませんが、最終的には上層部の会議などで決裁を得なければならないような、一定規模以上の案件の場合はできるだけ開いたほうがよいでしょう。

　重要なのは、「Q&A会議」に、チーム内のメンバーだけではなく、他部署の担当者をアサインすることです。それは、「アイデア会議」でも同じですが、大きく異なるのは、「Q&A会議」の場合には最終的な意思決定に近い局面で行うものだ、ということです。

　つまり、「アイデア会議」では、小売店舗の現場スタッフなど、より現場に近いメンバーをアサインすることが重要ですが、「Q&A会議」では、そのプロジェクトに何らかの関係が発生する本社の他部署の担当者をアサインする必要があるのです。上層部の会議で一発で決裁を勝ち取るためにも、彼

らの意見を、この段階で反映させておくことに大きな意味があるからです。

　まず第一に、財務部門からは費用対効果、営業部門からは実現可能性など、他部署の観点から「疑問点」などを指摘してもらえば、提案内容は確実にブラッシュアップされるでしょう。

　第二に、このプロセスを経ることで、彼らにもこのプロジェクトについて当事者意識をもってもらえるメリットが生まれます。これが極めて重要です。事前に彼らの意見を聞かないまま、上層部会議にかければ、それだけで「なぜ、相談がなかったのか？」と反感を買いかねません。それよりも、事前に彼らの意見を聞くひと手間をかけることで、上層部の会議で"味方"になってもらう努力をしたほうがいいのです。

　ですから、マネジャーは、重要案件の担当者には、「Q＆A会議」の開催を促すとともに、アサインすべき関係部署の担当者について示唆を与えるように努めたほうがいいでしょう。

「意見」ではなく「質問」を求める

　「Q＆A会議」のプロセスは【図21-1】のとおりです。

　まず、参加者には事前にブレストのテーマを伝えるとともに、提案書のドラフトを送付しておきます。「アイデア会議」では、予算やスケジュールなどの詳細は伝えず、自由にディスカッションしてもらいますが、「Q＆A会議」では、そうした詳細も共有したうえで、それぞれの立場から専門的な指摘をしてもらうことを依頼します。

　ただし、次の3点については、明確に伝えておくといいでしょう。まず第一に、「この会議は意思決定の場ではない」ということです。あくまで提案内容を事前共有するとともにブラッシュアップするための場であり、「そのために協力してほしい」と要請します。

　第二に、「この提案内容に対する意見ではなく、質問を求めている」ということです。これこそ、「Q＆A会議」の最大のポイントです。意見は往々

にして「よい、悪い」の二元論に陥りがちで、その結果、対立構造を生み出しやすいからです。

　一方、質問は参加者の創造性を引き出しやすいコミュニケーションです。「これはダメだろう」と意見されれば、相手は「ダメではない理由」を訴えることに意識が向かいますが、「なぜ、こうするの？」と質問されれば、「なぜだろう？」と考えることに意識が向かいます。

　しかも、質問されているのですから、何らかの「答え」を出さなければならない。このように、質問には「考える」ことを誘発する力があり、その結果、ときには、よりよいアイデアに自ら辿り着くことができるわけです（図21-2）。これこそが、「Q＆A会議」の核心であり、「それに協力してほしい」と参加者に依頼しておく必要があるのです。

　第三に、「参加者は全員フラットな関係である」ということです。役職の違う参加者が集まることもありますが、役職によって発言の軽重を生じさせてはいけません。その瞬間に、萎縮（いしゅく）する参加者が生まれますので、十分に気をつける必要があります。

　これら3つのポイントは、非常に大切なことなので、チームのメンバーが慣れないうちは、マネジャー自身も「Q＆A会議」に参加して、随時、参加者に理解してもらうようにするといいでしょう。

「質問＋回答」を交互に行う

　「Q＆A会議」がスタートしたら、まず最初の3～5分で、担当者が作成した提案書サマリー（図11-2）に添ってプレゼンをします。チーム内の定例会議や上層部の会議でのプレゼンの予行演習と言ってもよいでしょう。

　本当は、参加者には事前に資料に目を通してもらって、開始と同時に「Q＆A会議」に入れると効率的なのですが、ここでも、みな忙しいので、基本的には目を通していないという前提に立ったほうがいいでしょう。ただし、「3～5分」は取っていますが、できるだけ手短に済ませるようにします。

図21-1　「Q&A会議」のプロセス

会議前	・参加者をアサイン ・連絡	・テーマと提案書ドラフトを送付 ・「意思決定の場ではない」と伝える ・「意見ではなく質問を求めている」と伝える	
アイデア会議 30分	3〜5分	プレゼン	・できるだけ手短にする
	10分	Q&A	・1つずつ質問 ・質問ごとに担当者が回答
	10分	各自コメント	・参加者1人1分が目安
	終了時	挨　拶	・ネクストステップを伝える

図21-2　「Q&A会議」では「質問」が重要

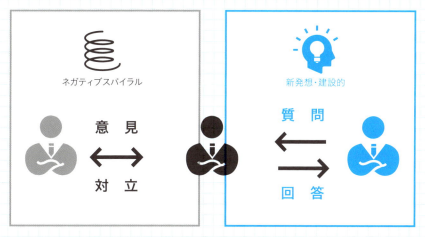

ネガティブスパイラル　　意見　⇔　対立

新発想・建設的　　質問　⇔　回答

そのうえで、10分間で質問と回答を繰り返し行います。時間が許す限り、どんどん質問してどんどん回答する感じです。回答に対して理解できない場合は、さらに追加で質問します。クイックに一問一答を繰り返し「10分」でこのパートを終わるイメージです。もちろん、質問が早期に出尽くした場合は無理に時間いっぱい行う必要はなく、次の「各自コメント」のパートに入って大丈夫です。
　主催者（ファシリテーター）は質問要旨と回答要旨をその場でホワイトボードに書いて参加者全員で目視できるようにするといいでしょう。

　Lesson12の小売店舗の来客数増の施策として「店長への接客接遇研修の実施」を提案する場合であれば、次のような「Q＆A」が展開されるイメージとなります。

【Q】参加者A「店長研修としていますが、スタッフ全員にしたほうが効果的なのでは？」
【A】担当者「それも検討しましたが、（アペンディックスを示しながら）予算と時間がかかるために、まずは店長研修から着手すべきだと考えています。また、この店舗は新任店長であることも考慮しました」
【Q】参加者B「予算30万円となっていますが、さらに安価にはできませんか？他の店舗で採用したXという研修会社は25万円で効果もあったとの報告があります」
【A】担当者「X社のことは把握していませんでした。調査したうえで検討いたします」
【Q】参加者C「店長研修で効果があれば、スタッフ全員研修も実施するつもりですか？その場合、店舗のオペレーションに問題が発生するのでは？」
【A】担当者「たしかにそうですね。まずは、店長にスタッフに対する接遇指導を徹底してもらおうと思っていますが、それで足りない場合には、ス

タッフ全員研修も検討するつもりでしたが、オペレーションの問題がありますね……」

このようなイメージで、「Q&A」をリズムよく進めるのがいいでしょう。それぞれの論点を深掘りするのではなく、まずは、参加者全員の問題意識を出してしまうのです。そして、担当者はわからないことは「わからない」と明言してOK。むしろ、盲点を指摘してもらったことを感謝して受け入れればいいのです。

建設的な「コメント」で新しい発想が生まれる

一通り「Q&A」が終わったら、「各自コメント」のパートに入ります。

ここでは、「Q&A」で出されたすべての論点を踏まえて、提案に対する改善点を参加者一人ずつにコメントしてもらいます。参加人数にもよりますが、参加者一人につき伝えたいことを1分程度で話してもらうとよいでしょう。「6×1分＝6分」でコメントをもらって、残り3〜4分で担当者が総括コメントをするというイメージです。

ここで、重要なのは「自論」を述べてもらうという点です。「否定的な意見」であっても、それが提案内容をブラッシュアップするためのものであれば、そこから学ぶことができるからです。これが徹底されると、担当者に新たな視点がもたらされることが少なくありません。たとえば、次のような展開です。

参加者A「スタッフ研修よりも店長研修を優先する理由はよく理解しました。ただ、新任店長ですから、研修を受けても、それをスタッフに徹底してもらうのは、ちょっと荷が重いかもしれません。スタッフ研修も行って、店長への負荷を少なくすることは検討すべきだと思いました」

参加者B「そうかもしれませんね。そのためにも、より安価な研修会社を検討する意味はあると思います。ただ、Cさんが指摘したように、スタッフ研修をするとなると、限られたスタッフでオペレーションを回すのも一苦労ですね」

参加者C「そもそも、接客接遇に問題があるのは、スタッフの人手が足りずお客様に十分な対応をする時間がないから、ということは考えられませんか？　この際、スタッフ体制が適切かどうかも検証していいと感じました」

　このように、他の参加者の質問やコメントから、新たな発想や課題が浮かび上がれば、非常に有意義な「Q＆A会議」といえるでしょう。そして、担当者は、次のように「Q＆A会議」を総括するコメントを出して、議論を整理します。

担当者「では、研修会社については再度検証したうえで、店長研修から着手する方向で提案を完成させたいと思います。また、スタッフ体制の問題については、別途、検討したいと思います」

　そして、参加者に御礼を伝えたうえで、「本日のブレストを受けて、○月○日までに提案書を完成させますので、改めてご報告いたします」などとネクストステップを伝えて閉会とします。

　なお、「各自コメント」で議論に収拾がつかず30分を超過してしまう場合には、そこで切ったほうがいいでしょう。なぜなら、ほとんどの場合、議論が収束しない原因は、そもそも提案内容が十分に煮詰まっていないことにあるからです。にもかかわらず、30分以上ディスカッションしたところで、たいした意味はありません。むしろ、ここで出された論点を踏まえて、再度、しっかりと提案内容を練り直すことにしたほうが、よほど建設的なのです。

「Q&A会議」のフォローが重要

　また、無事「Q&A会議」を終えたら、しっかりフォローすることが大切です。

　担当者は、必ず、出された質問や提案を真摯に受け止め、もう一度ゼロベースで検討しなければなりません。もちろん、検討した結果、やはりその提案は反映させないという判断をすることもあります。あくまで、提案書をまとめる責任は担当者にありますから、"相手の顔"を立てるなどという理由で、何かを判断するべきではありません。重要なのは、よい提案をまとめること。それだけを考えればいいのです。

　ただし、最終的にどのような提案にしたのかを、必ず、「Q&A会議」の参加者には個別にフィードバックしておく必要があります。その人の提案を反映させなかった場合には、その根拠・理由をしっかり伝えるのです。その説明に説得力があれば、必ず、相手はそれを受け入れてくれるとともに、完成した提案の味方になってくれます。そして、これが、上層部の会議において頼もしい援軍となってくれるのです。

　これは非常に重要なプロセスなので、マネジャーは、担当者が「Q&A会議」のフォローをきちんとやっているかどうかを随時確認するようにしましょう。

LESSON 22

マネジャーは「話す」より「聞く」

日頃のコミュニケーションが「会議の品質」を決める

　本書でここまで、会議のマネジメント・システムについて解説してきました。注意が必要なのは、これはあくまでシステムであるということ。いくらシステムだけ整えても、それがうまく機能する保証はありません。そして、機能しないシステムは、要するに「ムダ」でしかないわけです。

　では、このシステムを機能させるものとは何でしょうか？

　答えはシンプルです。マネジャーと個々のメンバーの間で、日ごろから質の高いコミュニケーションが行われていること。これに尽きます。そもそも、会議とはコミュニケーションにほかなりませんから、当たり前のことです。

　しかし、実際には「言うは易く行うは難し」。人間同士の営みですから、一朝一夕に改善できるものでもありません。ですから、マネジャーはあまり焦らず、時間をかけて粘り強く取り組む心構えをもつことが大切です。

　まず、第一に押さえておかなければならないのは、「役職の違い」は「役割の違い」であって、「人間としての価値」に高低はないという基本を徹底することです。

　ここをはき違えると、メンバーはそれを敏感に察知しますから、どんなに上辺のコミュニケーションを工夫しても、信頼関係を築くことは不可能です。「自分はそんな思い違いはしない」とタカをくくるのは禁物。人間とは、知らず知らずのうちに、すぐに思い上がってしまうものですから、日ごろか

ら自らを振り返って軌道修正を続ける習慣をもつのがよいでしょう。これが、良質なコミュニケーションを生み出す基本中の基本です。

「ヒト」ではなく「コト」に向き合う

　そして、常に、「何かを成し遂げる」ことに集中することです。「ヒト」と向き合うのではなく、「コト」と向き合うと言ってもいいでしょう。相手の非を責めるためのコミュニケーションではなく、「どうすればコトを完遂できるのか？」を見出すためのコミュニケーションに徹するのです。

　たとえば、メンバーが何らかのトラブルを生み出した場合であれば、その責任追及などは脇に置いて、まずはトラブルの解消策に集中する。そして、トラブルを乗り越えて、いかに目標達成を成し遂げるかに全力を注ぐ。そのためにリーダーシップを発揮するのが、マネジャーの仕事なのです。

　もちろん、「サボる」「責任感がない」など、仕事との向き合い方に根本的な問題があるメンバーには、適切にそれを指摘して、改善を促す必要はあります。ときには、叱責も避けるべきではないでしょう。しかし、それも、あくまで「何かを成し遂げるため」という方向性からズレて、「人格否定」のようなニュアンスを帯びてしまえば、メンバーのモチベーションと良好な信頼関係を損ねる結果を招きます（「メンバーにかけてよい言葉、ダメな言葉」を【図22-1】にまとめましたので、ご参照ください）。

　ですから、マネジャーは、メンバーという「ヒト」と向き合うのではなく、あくまで「コト」に向き合うことを徹底すべきです。そして、メンバー全員と同じ「コト」の方向を向いて、「どうすれば成し遂げることができるか？」とコミュニケーションを取る（図22-2）。これができるようになれば、チーム内のコミュニケーションはかなり良好な状態になるはずです。ぜひ、粘り強く取り組んでいただきたいと願っています。

図22-1 メンバーにかけてよい言葉、ダメな言葉

よい言葉

- ありがとう
- すごいね！
- なるほど
- 頼むよ！
- さすが！
- がんばったな
- 次もよろしく
- 君に一任するよ
- 君にやってほしい！
- 君に頼んで良かった
- 助かったよ
- 君のおかげでよくなったよ
- レスポンス早いね
- 頼りになるね
- これは組織貢献したね
- 想像上回っていた
- 他の部署や第三者から褒められた
- 正解！

ダメな言葉

- で、何がいいたいの？
- まだできてないの？
- お前がいてもしょうがない
- 評価0
- ため息
- もう、結論決まってるんだから……
- 一生懸命やっても意味ないよ
- よくわかんないんだよね
- とりあえず、やっておいて
- 上から言われているから仕方ないだろ
- あいつに任せれば良かった
- そこまで時間かかるの？
- いいからやれよ
- 意味わかる？
- はぁ〜？
- 暇だろ？
- こればっかりやってちゃダメでしょ
- そこまでしなくていいのに
- また、ダメだな
- まさか？　これだけ？
- 僕は関係ないから（梯子を外す）
- それはうちの仕事じゃない。やりすぎるな
- 返信なし（無視）
- やっぱりそれやんなくていいわ。
- 誰がやっても一緒
- ほらみろ
- 費用対効果なし
- 席外してくれる？

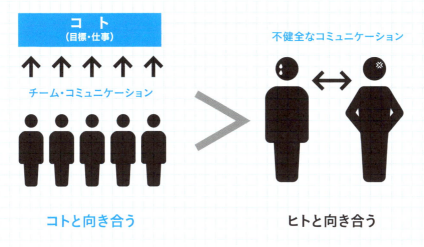

図22-2 「ヒト」ではなく「コト」と向き合う

1 on 1 ミーティングがすべての基本

　こうした関係性をメンバーと構築するうえで、最も重要なのは1 on 1 ミーティングにおける「報連相」です。そして、1 on 1 ミーティングでメンバーと良好なコミュニケーションが取れるようになることが、少人数ミーティングや定例会議の品質を決めることになります。

　ですから、Lesson 4 でも触れましたが、まず第一に、いつでもメンバーが「報連相」をしやすいようにすることを心がける必要があります。そのためには、日ごろから、挨拶を欠かさないのはもちろん、気軽に声を掛けることです。メンバーに心を開くのを期待するのではなく、こちらから心を開く。これが、基本です。

　なかには不愛想なメンバーもいるでしょうが、図々しく声をかけ続けるのが正解。両者の間に"壁"ができてしまうと、余計に相手は心を閉ざします

から、常に、マネジャーの側から"壁"を越えようとする姿勢を示すことが重要です。

そして、できるだけメンバーから自主的に「報連相」をしてくるような空気を醸成するようにします。もちろん、こちらから「報連相」を求めざるを得ない局面はありますが、マネジャーに呼びつけられると、メンバーはどうしても"防御的"になりがち。ですから、できるだけメンバーの主体性を尊重して、「呼ぶ」のを我慢するのもマネジャーの力量と心得るべきでしょう。

そのためにも、先に述べた「コト」に向き合う姿勢を徹底することが重要です。メンバーは、何らかの問題を抱えているからこそ、「報連相」に来るわけです。それを責められたら、誰だって足が重くなります。逆に、「一緒に問題を乗り越える」という姿勢を示すマネジャーであれば、より気軽に「報連相」できるからです。

「自走するメンバー」を育てるコツ

そして、1on1ミーティングにおける鉄則は、「話す」より「聞く」ということです。これは非常に重要なポイントです。なぜなら、Lesson 9でも触れたように、メンバーには「自分の頭で考える人材」になってもらわなければならないからです。

自分の頭で考えたうえで、マネジャーを通して組織とコミュニケーションを取りながら、「なすべきアクション」を確定させ、それにまい進する。そんな「自走するメンバー」が何人いるかで、そのチームの生産性は決定づけられます。

現代のように、ビジネス環境が刻々と変化する時代には、上意下達だけでは環境変化に即応するのは不可能です。環境変化を最もダイレクトに感じている現場のメンバーが、自分の頭で対応策を考えて、組織的な意思決定を勝ち取り、実行に移すというサイクルを最速にすることができなければ、生き残ることすら難しくなるでしょう。

そして、あらゆる会議は、そのような「自分の頭で考える」メンバーが集まって、知恵を出し合うことで、よりよいアイデアを生み出し、よりよい意思決定を生み出すことにこそ意味があるのです。つまり、「自分の頭で考える」メンバーを増やすことこそが、「会議の品質」を高める必須条件であるというわけです。

そのためには、1 on 1 ミーティングで、「自分の頭で考えたこと」を話してもらうことを徹底すべきです。だからこそ、マネジャーは「話す」より「聞く」ことが大切なのです。

「指示」より「質問」を基本とする

では、どうすれば「聞く」ことができるか？

方法はひとつです。「指示」するのではなく「質問」することを第一に考えるのです。メンバーの「報連相」を聞いて、すぐに「指示」をしたほうが速いケースは多々ありますが、それでは「自分の頭で考える」というプロセスがなくなってしまいます。そして、「指示待ち人間」をつくってしまう結果を招くでしょう。

それよりも、多少、手間はかかっても、まずは、「君はどうしたいの？」「どうすべきだと思う？」と質問をする。その回答に疑問点があれば、「否定」するのではなく、「なぜ、そう思うの？」とさらに質問をする。そして、自らの頭で最適解を見出すのを促すようなコミュニケーションを基本にすえるのです。

ただし、「誘導尋問」になってはいけません。マネジャーが「答え」を知っており、その「答え」に導くために「質問」を繰り出す、というコミュニケーションは、むしろマイナスの効果さえ生み出しかねません。「誘導」されていることを、メンバーは敏感に察知するために、良質なコミュニケーションの根本にあるべき信頼関係を損ねてしまうからです。これは、非常に重要なテーマなので、Lesson23でより詳しくご説明したいと思います。

LESSON 23

会議で質問する「4つの観点」

「それは事実か？」「なぜ、そうなるのか？」

　Lesson22でお伝えしたように、1 on 1 ミーティング、少人数ミーティング、定例会議のすべてにおいて、マネジャーは「指示」ではなく「質問」を第一にしながら、コミュニケーションを深めていくことが重要です。「質問」によって、メンバーが自らの頭で「最適解」を見出してもらう。これが会議におけるマネジャーの基本姿勢でなければなりません。

　では、メンバーの提案に対して、何を質問すればいいのでしょうか？
　私は、【図23-1】のように、4つの観点で質問をするように心がけていました。
　まず第一に「それは事実か？」という観点です。当たり前のことですが、仕事の基本は事実をしっかりと確認すること。事実に基づかない提案・施策は必ず失敗しますから、この観点は絶対に外してはなりません。言い換えれば、提案内容の「詳細」を深掘りすることで、「それは事実かどうか？」を確認することと言ってもよいでしょう。
　第二に、「なぜ、そうなのか？」という観点です。提案者の主張の「根拠」を確認するわけです。根拠薄弱な主張は「単なる思い込み」として認めるわけにはいきませんから、これも非常に重要なポイントです。
　もちろん、着想の段階で提案者の「これだ！」という直感は大切ですが、その直感を裏づける根拠を集めることによって、提案に自信も備わります

図23-1　会議で質問する「4つの観点」

1	それは事実か？	提案内容の「詳細」を確認する
2	なぜ、そうなのか？	「結論」を支える「根拠」を確認する
3	論理的に正しいか？	「課題→原因→解決策→効果」の論理展開を確認する
4	意思決定できるか？	「財務的観点」「実現可能性」「企業理念との整合性」を確認する

し、成功確率も確実に上がります。ですから、マネジャーは随時、「なぜ、そうなのか？」と質問することによって、提案の根拠を固めるように促す必要があるのです。

「論理的に正しいか？」「意思決定できるか？」

　第三に、「論理的に正しいか？」という観点から質問をします。
　提案に盛り込まれた要素について、「それは事実か？」「なぜ、そうなのか？」を確認したうえで、それらの要素が論理的に正しく組み上げられているかを質問によって確認するわけです。
　Lesson13で述べたように、一般的な企業における提案は、ほぼ「課題→原因→解決策→効果」という論理展開でカバーできます。この論理展開に"抜け漏れ"はないか、あるいは、それぞれの因果関係に飛躍はないか、をチェックするのです。

そして、最後に、意思決定に不可欠な３つの要素、「利益は出るのか？」「実現可能性はあるのか？」「企業理念に合致しているのか？」を質問によって確認します。先ほどの３つの観点をクリアしていたとしても、この第四の観点で問題があればGOサインを出すことはできません。最重要のポイントと言ってもよいでしょう。

メンバーの真意を教えてもらう姿勢が大事

　具体的なケースをもとに、実際に質問をしてみましょう。メンバーから次のような提案を受けたとします。皆さんも、何を質問するか考えながら読んでください。

【提案】
　30代女性向けに商品をリニューアルする提案をします。
　30代女性の購入者の減少が顕著になっていますが、市場調査の結果、デザインが陳腐化したことが最大の原因だということがわかりました。
　そこで、30代女性50名にアンケートをしたところ一番人気の紫色のパッケージへの変更を提案します。今年の流行色は紫色ですから、多くの女性の購買意欲を刺激します。
　発売は年末商戦に合わせて12月25日に設定します。インパクトを生むために、価格は他社の同等商品5000円よりも安い4500円でいきたいと考えています。他社よりも安いから絶対売れます。よろしくお願いします。

　まず、第一の観点「それは事実なのか？」については、こんな質問が考えられるでしょう。

【質問❶】「30代女性の購入者の減少が顕著」であることを示すデータはありますか？

【質問❷】「市場調査」のデータを見せてもらえますか？
【質問❸】「今年の流行色は紫色」であることを示すデータはありますか？
【質問❹】「紫色」で商品をリニューアルするとのことですが、他社には紫色のラインナップはないんですか？

　次に、第二の観点「なぜ、そう言えるのか？」については、こんな質問が考えられます。

【質問❺】「30代女性50名にアンケートをした」とありますが、紫色を選択する根拠としては母数が少なくありませんか？
【質問❻】「紫色が30代の女性の購買意欲を刺激」する根拠はありますか？
【質問❼】「他社より500円値段を下げる」のが最も効果的だという根拠はありますか？

　第三の観点「論理的に正しいか？」については、こんな質問をする必要があるでしょう。

【質問❽】「30代女性の購入者減少」という課題の原因について、「デザインの陳腐化」以外には検討しましたか？
【質問❾】「デザインの陳腐化」が原因だとして、解決策は「紫色への変更」以外には検討しましたか？
【質問❿】「紫色に変更」したら、30代女性の購入者はどのくらい増えると考えていますか？　KPIは設定していますか？

　さらに、第四の観点「意思決定できるか？」については、次のような質問をするべきでしょう。

【質問⓫】他社より500円下げた場合、利益率はどのように変化しますか？（財務的観点）
【質問⓬】12月25日までに出荷することは可能ですか？　関連部署には確認を取っていますか？（実現可能性）

　このように、質問すべきポイントはたくさんあります。
　このときに注意が必要なのは、メンバーの提案を否定するような聞き方にならないことです。まず提案そのものを好意的に受け止めたうえで、詳細について「教えてもらう」というスタンスで質問しなければ、メンバーは詰問されるような印象をもってしまうので気をつけてください。
　もちろん、メンバーの真意を理解したうえで、提案内容に不足点があれば、それを指摘して完成度を高めてもらう必要はあります。しかし、その前提として「教えてもらう」ことが不可欠なのです。

マネジャーは「答え」を知らない

　そして、Lesson22でも触れたように、「誘導尋問」のようになってはいけません。
　たとえば、利益率の低下を経営陣が懸念していることを知っているために、マネジャーが「値下げは避けるべきだ」という意見をもっている場合に、その結論に導くために「利益率が下がるのはまずいよね？」「ほかにも手があるんじゃないかな？」などと、相手を誘導するような質問を繰り出せば、メンバーは"忖度"を強要されているように感じるでしょう。これが、建設的なディスカッションを阻害することに繋がってしまうのです。
　ですから、このような場合には、率直に経営陣の懸念を伝えたうえで、それでも値下げをするメリットを追求すべきなのかどうかを、話し合うべきでしょう。重要なのは、「30代女性の購入者減少」という課題を解決するために最善の解決策を見つけることに純粋に取り組むことです。もしも、徹底的

な検討の末に「値下げ不可避」という結論に至れば、マネジャーは「いかに上層部を説得するか？」を考えるべきなのです。

　マネジャーは、この姿勢を堅持することが非常に重要です。
　この姿勢に徹するからこそ、メンバーとの率直なディスカッションが成立し、その過程を通して「最適解」を見出せるからです。しかも、そのようなマネジャーに対して、メンバーは信頼を深めてくれるでしょう。この信頼感こそが、「会議の品質」を根本で支えてくれるのです。
　もちろん、マネジャーは、率直な質問を通して提案内容をしっかりと理解したうえで、自分なりの「意見」をもたなければいけません。しかし、決して、それが「答え」だと勘違いしてはなりません。自分の「意見」が「答え」だと勘違いした瞬間に、すべての質問は「誘導尋問」へと変質してしまうからです。
　場合によっては、自分の「意見」とは異なる提案内容になったとしても、4つの観点を満たし、成功確率も7割を超えると判断できるならば「GOサイン」を出す。それが、マネジャーの役割なのです。

　自分は「答え」を知らない。
　だからこそ、メンバーとの会議に臨む――。
　この姿勢を徹底できたとき、必ず、「会議の品質」は高まっていくはずです。ぜひ、覚えておいていただきたいと願っています。

LESSON 24

「ファシリテーション」は メンバーの持ち回り

定例会議は「最終チェック」の場

　Lesson22とLesson23でお伝えしてきたとおり、メンバーとのコミュニケーションの基本は「質問」です。そして、1on1ミーティングや少人数ミーティングを活性化して、その場で「質問」を主体にしながらメンバーの提案内容をブラッシュアップ。「7割の勝算がある」と判断できる水準までこぎ着けた提案については、次々と意思決定をしていくことになります。

　Lesson4でも触れたように、定例会議にかけるのは、重要性の高い案件や、メンバー全員に関係するような案件のみでOK。それ以外の案件については、1on1ミーティングや少人数ミーティングの場で積極的に意思決定していくスピード感が重要です。そして、ごく限られた案件のみ、定例会議での意思決定ルートに乗せるわけです。

　もうお気づきかと思いますが、上記のようなプロセスを経るということは、定例会議にかける段階で、マネジャーとしては「7割の勝算がある」と判断しているということです。

　しかも、重要案件であればブレスト会議も行っていることが多いですから、担当者以外のメンバーの意見も反映済みです。ブレスト会議を開かなかったとしても、多くても十数人のチーム内の話ですから、少しでも関係がありそうなメンバーには気軽に声をかけて意見を聞いておけば済む話です。

　つまり、定例会議にかける段階で、ほぼチーム内の合意は得ている状態な

のです。だからこそ、定例会議は30分もあれば十分だとも言えます。とは言え、"シャンシャン会議"をやるということではありません。重要案件であるからこそ、十分に練り上げてきた提案を厳しい目で最終チェックする。そして、"抜け漏れ"がないかを確認するとともに、少しでも成功確率を上げるために知恵を出し合う。それが、定例会議の役割なのです。

「意思決定者」はファシリテートしてはならない

　定例会議のディスカッションは、「Q&A会議」と同じ要領で行います。確認事項や疑問点のある人に質問をしてもらい、担当者が回答。質問が出尽くしたら、意見のある人がコメントを述べる。それを1件最大15分で完了させるわけです。

　ここで、私はひとつの工夫をしました。定例会議全体の司会進行と前半15分の「インプット（情報共有・進捗確認など）」はマネジャーが仕切りますが、後半15分の「アウトプット」においてディスカッションを促進するファシリテーターをメンバーの持ち回りにしたのです。

　狙いは大きく3つあります（図24-1）。
　まず第一に、意思決定者であるマネジャーがファシリテーターを務めると、どうしても発言者に遠慮や忖度が生じてしまうため、議論を歪めるおそれがあるためです。むしろ、マネジャーはメンバーのディスカッションを第三者的に聞くことで、意思決定に向けて思考を深めることに集中すべきでしょう。

　しかも、Lesson 5でも述べたように、マネジャーが定例会議において意識すべき重要なポイントとして、メンバーの体調・情緒面のチェックがありますから、その意味でも、メンバーの様子を客観的に観察できるポジションを確保するのが望ましいのです。

図24-1　部下にファシリテーションを任せる「3つの理由」

1	マネジャーの仕事に専念する	・意思決定者がファシリテーションを行うと議論を歪ませる
		・マネジャーは議論を第三者的に聞いて意思決定に集中する
		・メンバーの体調・情緒面をチェックするポジションを確保する
2	会議の活性化	・ファシリテーションの難しさを実感したメンバーが会議に協力的になる
3	メンバーの育成	・難易度の高いファシリテーションのスキルを磨くことができる
		・ファシリテーションできるようになることが、メンバーの自信につながる

「ファシリテーションの難しさ」を知ると協力的になる

　第二に、会議の活性化です。

　会議とはメンバー全員の共同作業です。もちろん、マネジャーが果たすべき役割は非常に大きなものがありますが、個々のメンバーが会議に積極的に参加する気持ちがなければ、マネジャーひとりの力では限界があるのは自明のことです。

　そこに、メンバーに持ち回りでファシリテーションを任せることの意味が生まれます。なぜなら、ファシリテーションのスキルは、非常に難易度が高いからです。メンバーの発言を引き出し、議論がズレたら軌道修正をし、新しい発想を生み出すように促し、意思決定を行うために議論を方向付ける……。慣れないうちは、思うようにはいきません。

しかし、これがいいのです。ファシリテーションの難しさを実感したメンバーは、会議に非協力的であることが、どれだけファシリテーターに苦痛を与えているかを体感することができます。この経験が、彼らの会議に向き合う姿勢を自然と変えてくれるのです。そして、メンバー全員が会議に協力的になることで、必然的に会議は活性化されるのです。

第三に、メンバーの育成です。

ファシリテーションのスキルを身につけるためには、関連書籍を読んだり、研修を受けるのも有効ですが、何よりも上達するのは実体験です。その実体験を、マネジャーの庇護(ひご)のもと、最も安全にできるのが定例会議の場にほかなりません。そこで経験を積ませたうえで、ブレスト会議のファシリテーションなども経験させれば、確実に彼らのスキルは向上します。

そして、他部署のメンバーもいるブレスト会議の場で、うまくファシリテーションができるようになると、非常に自信がつきます。人前に立って堂々とファシリテートできるようになる自信は、ビジネスパーソンにとっては非常に重要なもの。これを養うためにも、部下にファシリテーションを行うチャンスをどんどん与えるべきなのです。

LESSON 25

意思決定とは「決めて断つ」ことである

会議では「ポーカーフェイス」に徹する

　Lesson24でお伝えしたように、定例会議のファシリテーションはできるだけメンバーに任せるのがよいと私は考えています。

　そして、その間、発言はなるべく控えて、メンバー間のディスカッションをじっくり吟味することに集中するのがよいでしょう。重要なのは、先入観を捨てて、交わされる意見に虚心坦懐(きょしんたんかい)に耳を傾けることです。

　定例会議の議題に上がる提案は、1on1ミーティングや少人数ミーティングを経て、マネジャー自身が「勝算7割以上」と判断した提案ですが、何事も「完璧」ということはあり得ません。

　担当者以外のメンバーから、確認事項や疑問点を指摘されることで、意識していなかった問題点が明らかになるケースは非常に多いものです。だからこそ、定例会議で最終チェックをかける意味があるのですから、その指摘を真摯に受け止める余裕をもつことが欠かせません。

　また、提案にA案B案と2つ以上の選択肢が用意されている場合、メンバーの間での意見が拮抗(きっこう)する局面もあります。その場合も、自分が有力だと考えている案にこだわってはなりません。

　自分が支持している案を推す意見が出たときに、表情をほころばせるようなこともご法度(はっと)。その瞬間に、メンバーが「こっちのほうがいいのか」と忖度を始めるおそれがあるからです。常にポーカーフェイスで、メンバーの

ディスカッションを聞きながら、改めて、ゼロベースでどちらの案が最適解なのかを熟考することが不可欠です。

「多数決」は意思決定ではない

そして、ディスカッションが終わったら意思決定です。

当たり前のことですが、意思決定とは多数決ではありません。もちろん、チーム内の庶務的なルールに関することは多数決で決めてもよいでしょうが、事業提案に類する場合に多数決は絶対にNGです。意思決定権限をもつのはマネジャーなのですから、多数決は単なる責任逃れ。自らの責任において意思決定する。これが、絶対的な鉄則であることを忘れてはなりません。

私は、これをソフトバンク時代に叩き込まれました。新米マネジャーだったころには、その場で意思決定をすることができずに"先延ばし"にしてしまったことがあるのですが、そのときに、上司から「君には決断力がないのか？」と厳しく指摘されたものです。

そして、孫正義社長がつくった経営指針である「孫の二乗の兵法」の「略」という項を何度も読み返して、私なりに次のように解釈しました。「略」とは戦略の「略」のことですが、「略」とは「大事なところだけ残して、他をのぞき去る」という意味があります。つまり、戦略とはあれもこれもやろうとすることではなく、あれかこれかを選択して、その一点に集中することだということです。

だから、何かを決めるときには決断しなければならない。決断するとは「決めて、断つ」ことを指します。A案B案があるときには、どちらかを取って、どちらかを断ち切らなければならない。そして、もしかしたら選択を間違えるかもしれない。その恐怖心も断ち切らなければならない。つまり、意思決定とは「断つ」覚悟を決めることなのです。

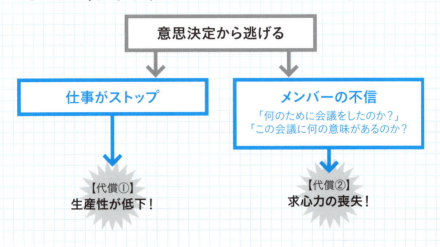

「決断から逃げること」がもたらす損失

　しかし、そんなに大げさに考えることはありません。
　課長クラスのマネジャーの決断によって、会社がつぶれるほどのことはまず起こりえません。それよりも恐いのは、決断を遅らせることであり、決断から逃げることです。そのとき、【図25-1】にある2つの代償を払うことになるのです。
　まず第一に、再三お伝えしてきたとおり、決断を遅らせるということは、チームの生産性を落とすことにほかなりません。とにかく、何かを決断して、やってみることが重要なのです。もしも、その選択が間違えていれば、それをマネジャーが認めて、すぐに別の決断をする。そして、PDCAを最速で回していくことこそが、最適解に最短距離で到達する方法なのです。
　第二に、「決断しないマネジャー」「何も決まらない会議」に対して、メン

バーが信頼を失う結果を招きます。一生懸命、提案をまとめてきた担当者はもちろん、会議において建設的な意見を述べたメンバーも、「いったい何のための会議だったのか？」「この会議に意味があるのか？」と不信感をもつのも無理はありません。そして、そのとき、一気にチームは求心力を失ってしまうのです。

　ですから、会議においては、必ず何らかの「意思決定＝決断」をすることを徹底しなければなりません。それまでに、担当者としっかりコミュニケーションを取って仕上げてきた提案であれば、修正ゼロでGOサインを出せるケースが大半でしょうが、万一、メンバーから重要な指摘を受けて、再度、抜本的に提案内容を考え直す必要があると判断すれば、それを決断すべきです。あるいは、軽微な修正が必要だと判断すれば、「少人数ミーティングで検討したうえで、先に進めます」という意思決定をすることもあるでしょう。
　いずれの場合でも、明確な根拠とともに、自らの意思決定を明言する。そして、その意思決定の責任をとる覚悟を決める。失敗したところで、たいしたことはありません。それに、そもそも、熟慮の末に「勝率7割」を超えると判断した提案なのですから、思い切って腹をくくることです。それが、マネジャーである自分を活かす最善の道なのです。

とことん「目標達成」にこだわり抜く

　そして、「勝率7割」と判断したうえで意思決定した結果、失敗した場合に恥じる必要はありません。
　そもそも、100％成功する意思決定というものは、この世には存在しません。意思決定とは、どうなるか誰にもわからない「未来」に向けて行うものですから、失敗する可能性を常に含んでいるものなのです。むしろ、失敗したことで、可能性のひとつが消えたわけですから、成功に向けて照準が絞られたと捉えるべきです。

失敗したときに重要なのは、それを潔く認めて、責任を取る姿勢を明示することです。意思決定したのはマネジャーですから、決して、担当者の責任に帰すような言動を取ってはなりません。
　何よりも重要なのは、あくまでも目標を達成するために、メンバーを励ましながら、自ら先頭を切って前進し続けることです。新たな意思決定をして、その決定事項を徹底してやり抜く。目標を完遂するために、メンバーの誰よりも真剣に考え、こだわり抜く。その後ろ姿を見せることが、最も重要なのです。
　なぜなら、その後ろ姿を見たメンバーは、必ず、意思決定の重さを学ぶからです。何かを意思決定するとは、その決定を完遂することにコミットすることにほかなりません。その重さを知ったメンバーは、自然と、一つひとつの提案の質を高める努力をし始めますし、実りのある会議を実現するために貢献しようとし始めるのです。これこそが、「会議の品質」を高める最大の原動力となるのです。

　そして、「会議の品質」を高めることで、必ず、メンバーのモチベーションが高まり、チームの生産性は最大化されます。
　メンバーがモチベーションを上げるために最も重要なことは何か？
　それは、自らが考えた施策を、自らの力で実践して、成功を収めることです。そのためには、マネジャーがメンバーの主体性を保証しながら、適切に提案内容の水準を高め、マネジャーのリスクのもと意思決定を行う。失敗したときにはマネジャーが責任を取り、メンバーには再度チャンスを与える。こうして、PDCAサイクルを回すことで、メンバー自らの力で「成功」を勝ち取る。そのときに、彼らのモチベーションは最大化されるのです。
　そして、メンバー一人ひとりの成長段階に合わせて「成功体験」を積ませることで、チーム全体のモチベーションが上がり、生産性も最大化されるのです。

第5章

上層部の
意思決定を
「攻略」する

LESSON 26

上司とのミーティングで「信頼」を勝ち取る

マネジャーの最も本質的な役割とは？

　ここまで、チーム内の会議マネジメントについてご説明してきました。しかし、Lesson 2でも触れたように、チーム内の会議だけで意思決定が完結するわけではありません。

　企業における意思決定者は社長や取締役会であり、その意思決定権限を役職に応じて委譲しているわけですが、課長クラスのマネジャーに委譲されている権限範囲は限定的。そのため、チーム内で意思決定が完結することはむしろ少なく、予算的に"規模感"のある案件であれば、ほぼ100％上層部の意思決定を得なければならないのです。

　ここに、マネジャーの果たすべき重要な役割が生じます。自分のチームで決定した提案について、いかにスピード感をもって、上層部のGOサインを勝ち得るか。これこそ、マネジャーの最も本質的な役割であると言っても過言ではないのです。

　上層部のGOサインを得るのに時間がかかってしまったり、何度も差し戻しになっているようでは、いくらチーム内での意思決定スピードを速めても意味がありません。それどころか、メンバーからの信頼をも失う結果を招き、チームの生産性は大きく損なわれることになるでしょう。

　では、どうすればよいか？　一言でいえば、社内のキーパーソンとの信頼関係を構築することです。もちろん、上層部のGOサインを最速で得るためには、提案のレベルが高いことが必須ですが、それは前提条件。そのうえで、

マネジャー本人が社内キーパーソンの信頼を得ていることが、組織的な意思決定を最速で勝ち取る絶対条件なのです。

直属の上司からの「信頼」がすべての基本

何よりも重要なのは、直属の上司からの信頼です。

これは、当然のことです。意思決定を求める案件の決裁権限が直属の上司に属することが多いうえに、さらに上層部に話を通す必要がある場合の「窓口」となるのも直属の上司だからです。万一、直属の上司の不信を買えば、それが障害となって組織的な意思決定に辿り着くのに膨大な労力を取られることになります。直属の上司からの信頼を勝ち取ることが、すべての基本なのです。

そのためには、まず第一に、接触回数を増やして密度の高いコミュニケーションを心がけることです。特に、新任マネジャーとして、はじめて「上司－部下」関係となる上司に対しては、十分に気をつけたほうがいいでしょう。

私は、週に1回、10〜15分ほど上司とミーティングをする機会をもつようにしていました。まず、上司の1週間のスケジュールを確認。どんなに忙しい上司でも、緊張が強いられる上層部の会議のあとなど、どこかにちょっとした余白の時間（アイドルタイム）をもっているものです。そのような時間を把握して、上司に何気なくショート・ミーティングをもちかけるのです。定期ミーティングを持ちかけると迷惑がられることもありますから、こまめにショート・ミーティングを持ちかけるほうがよいでしょう。

上司も現場の様子を把握したいと考えているものですから、短時間のミーティングであれば、たいてい受け入れてくれるはずです。忘れてはならないのは、短時間であることです。上司は忙しいですから、部下に貴重な時間を奪われるのを嫌います。手短にミーティングを終えることを徹底するようにしてください。

図26-1　上司とのショートミーティングの「3つのポイント」

1	報告＋ネクストステップ	・自分の権限内のことでも報告する
		・必ず、ネクストステップを示し、上司の了解を得る
2	相談	・些細なことでもネガティブ情報を伝える
		・必ず、解決策を提示して、上司の了解を得る
		・結果は、必ず報告する
3	上司の「悩み」を聞く	・「われわれにできることはありませんか？」などと聞く
		・上司の「悩み」を自分の「悩み」とする

「自分の権限内」の判断についても報告する

　私が、上司とのショート・ミーティングで意識したのは、【図26-1】に掲げる3点です。

　まず冒頭で、上司の耳に入れておいたほうがよい「報告」をします。上司はより重要な案件に頭を悩ませていますから、部下の報告にそれほど関心は示さないものです。しかし、自分の権限の範囲内で判断したことであっても、上司の確認を得ることには重要な意味があります。

　自分に与えられた権限はあくまで社長や取締役会から「委譲」されたものですから、その権限を適切に使っているかどうかを上司に確認してもらうことで、「ちゃんとやれているようだな」と安心させることができるからです。

　そして、必ず、「ネクストステップ」を付け加えるのを忘れないでくださ

い。ネクストステップについても上司の確認を得ておけば、その後の仕事を迷いなく進めることができますし、万一、その後、ネクストステップを実行しているなかで問題が発生した場合でも、上司を味方につけておくことができきます。

上司を絶対に驚かせてはならない

「報告＋ネクストステップ」が終われば、「相談」に移ります。

ここで重要なのは、どんな些細なことであっても、ネガティブ情報をきちんと伝えることです。いや、まだ"些細な問題"に留まっている段階で伝えることに大きな意味があるのです。

なぜなら、「上司を絶対に驚かせてはならない」からです。トラブルが"小さな芽"のうちであれば、上司も手の打ちようがありますし、むしろ、上司のウデの見せどころとなる可能性すらあります。しかし、突然、大きな問題に直面した上司は、上層部から責任追及を受ける立場に立ちますし、トラブル対応に追われることになります。そして、"小さな芽"のうちに問題を報告しなかった部下に対する心証を決定的に損ねる結果を招くのです。

こうなると、その後、その部下がどんな提案をもってきても、不信の目で見つめるようになります。これは、絶対に避けなければなりません。ですから、上司とのショート・ミーティングで、些細なことであってもネガティブ情報を伝えることを徹底しなければならないのです。

もちろん、このときに「どうすればよいでしょうか？」と相談するのはNGです。考えなければならない問題をたくさん抱えている上司に、「考える手間」をかけさせるのは厳禁。必ず、自分なりの解決策を伝えて、「このように対処してよろしいでしょうか？」と確認する。常識的な解決策であれば、「君に任せるよ」という返事をするはずです。そして、すぐに対処をして、次のショート・ミーティングにおいて「報告＋ネクストステップ」をすれば、上司も「しっかりやっているな」と安心してくれるはずです。

この「安心」が重要です。なぜなら、上司という存在は、「部下はきちんと仕事をしてくれているか？」と常に不安を抱えているからです。そして、不安だからこそ、厳しい目で部下をチェックしようとするわけです。

　逆に言えば、安心させることができれば、上司が「視線」を外してくれるようになります。つまり、「彼に任せておけば大丈夫。何かあればすぐに相談に来てくれるだろう」と思ってもらえれば、細かいチェックの対象から外してもらえるのです。

　一方、こまめにコミュニケーションを取ってこない部下に対しては、非常に厳しい視線を投げかけてきます。そして、「あれはどうなったのか？」「あの件の進捗を報告せよ」と突然指示を出されることが増えます。その結果、チームで仕掛かり中の仕事をストップさせて、その対応に追われることになってしまうのです。

　もちろん、何か提案しようとしても、「本当に大丈夫か？」と"重箱の隅"をつつくようなチェックをされ、差し戻されるケースが増えるでしょう。これでは、とてもマネジャーとしての役割を果たすことはできません。上司を安心させることは、非常に重要なことなのです。

上司の「悩み」を把握する

　「相談」が終われば、上司とのミーティングは基本的に終わりです。

　ただし、まだ時間に余裕があるようであれば、私は、「何か、われわれのチームにできることはありませんか？」「さきほどの会議いかがでしたか？」などと質問するようにしていました。つまり、上司の「悩み」を聞くのです。

　上司は、上層部から直接さまざまな指示を受ける立場にいます。つまり、「上層部で何が問題になっているか？」を知る最も身近な存在なのです。そして、上司は、必ず「悩み」を抱えています。悩まずに済むような事柄であれば、そもそも、上層部も問題にはしません。何らかの解決しがたい問題があるからこそ、上層部は指示を出しているわけです。

だから、上司の「悩み」を聞くということは、すなわち「上層部で何が問題になっているか？」を知ることにほかならないということ。そして、上司の「悩み」を自分の「悩み」とすることで、自然と「視座」を高めることができるのです。

　たとえば、チームで検討を進めている事業提案について、上司と同じ「視座」で考えることができれば、また違った観点が得られるはずです。そして、提案内容に磨きをかけることができれば、上司はもちろん上層部にとっても説得力のあるものにすることができるに違いありません。その結果、最速でチームの事業提案にGOサインを出してもらえるようになるのです。

　しかも、上司にすれば、そのように自分の「悩み」に応えてくれる部下に対しては、信頼を厚くしてくれるはずです。そして、ショート・ミーティングの場でも、こちらが質問せずとも、自ら「悩み」を打ち明けてくれるようになるはずです。このような関係を築くことができれば、上司との確たる信頼関係が生まれたと言えるでしょう。

LESSON 26　上司とのミーティングで「信頼」を勝ち取る

LESSON 27

「コミュニケーション」は上司に合わせる

「上司はクライアント」と割り切る

　直属の上司のみならず、上層部と信頼関係を築くためには、適切なコミュニケーションを取ることが不可欠です。そして、そこには絶対的な鉄則があります。これを外すと、絶対に信頼関係を構築することはできませんから、くれぐれもご注意ください。

　まず第一に、「好き嫌い」は関係ないということです。

　人間誰しも「好き嫌い」「合う合わない」という相性の問題がありますが、それを仕事に持ち込んではなりません。「信頼される」とは「好意をもたれる」ということと、ほぼ同義です。そして、こちらが「嫌い」と思えば、相手も「嫌い」と思うのが現実。であれば、好意をもたれるように、せめて嫌われないように言動を律するべきです。

　これは、決して難しいことではありません。上司をクライアントだと思えばいいのです。クライアントであれば、少々、相性の悪い相手でも、ビジネスと割り切って付き合えるはずです。上司も同じです。上司の意思決定を得られなければ、自分がやりたいことはできないのですから、クライアントだと思えばいい。そして、戦略として「好き嫌い」を超えた言動に徹すればいいのです。

　第二に、上司とのコミュニケーションは、徹底的に相手に合わせるということです。言い換えると、徹底して相手の立場に立つということ。上司も人間ですから、それぞれ特性があります。その特性に合わせて、コミュニケー

ションの仕方を変えるのです。

　人間は、コミュニケーションがうまくいかない相手に対して好感をもちにくい傾向がありますから、上司に合わせることで嫌悪感をもたれるリスクを低くすることができます。

　会議やミーティングの場で、上司の意思決定を求めるときには、なおさらそうです。その上司にとって納得度の高いコミュニケーションを取らなければ、同じ内容の提案であっても、なかなかGOサインを得られないという結果を招いてしまいます。

　そこで、私は【図27-1】のように、行動傾向から上司の特性を4つに分類して、それぞれコミュニケーションの仕方を変えてきました。あくまで目安ですが、非常に有効ですので、ぜひ、みなさんにも試していただきたいと思います。

「論理型」には単刀直入に話す

　まず、「腕を組む」「淡々と話す（声の抑揚がない）」という行動特性をもつ上司は、「論理型」と判断できます。相手の話を腕を組みながら冷静に見極めつつ、ロジカルに切り返してくるイメージです。

　このタイプの上司は、細部まで詰めて物事を考える傾向がありますから、おおざっぱな情報では満足しません。たとえば、意思決定を求めるときに、「ライバル商品のシェアは何％だ？」と聞かれたときに「だいたい40％くらいです」と答えた瞬間にアウト。「39.8％です」と即答できなければ、信頼を勝ち取ることはできません。

　ですから、このタイプの上司と重要なコミュニケーションを取るときには、必ず事実の細部まで確認をして、頭に叩き込んでおくようにします。

　また、彼らは要領を得ないコミュニケーションを嫌いますから、本題から単刀直入に入って、「要点→詳細」「結論→根拠」のロジックを明確に伝える

図27-1 4つのタイプ別にコミュニケーションを変える

【行動特性①】
・腕を組む
・淡々と話す(声の抑揚がない)

↓

論理型上司

↓

【対策】
・事実や数字を正確に伝えること
・単刀直入に結論から話す

【行動特性②】
・早口で声が大きめ
・表情が硬い(無表情)

↓

堅実型上司

↓

【対策】
・納得するまで粘り強く対応する
・終わったら速やかに立ち去る

【行動特性③】
・相手と目を合わせる
・生き生きと話す(声に抑揚がある)

↓

独創型上司

↓

【対策】
・複座な話、データの説明ばかりにならないようにする
・選択肢を2案に絞って選んでもらう

【行動特性④】
・話すスピードが遅い
・笑顔が多い

↓

感覚型上司

↓

【対策】
・丁寧に話すことを心がける
・他部署の了解を得ていることをアピールする

ようにしなければなりません。下手をすると、話の途中で「もういい」と言われかねませんので、しっかり準備をしたうえでコミュニケーションを取るようにしたほうがいいでしょう。

次に、「早口で声が大きめ」「表情が硬い(無表情)」という行動特性をもつ上司は、「堅実型」と判断できます。「早口＝効率重視」「大きな声＝正確性」「無表情＝人間関係より仕事重視」というイメージの人物です。

このタイプの上司は、「論理型」と同じくロジカルなコミュニケーションを好みますが、それ以上に重要なのは、人間関係より仕事を優先していることもあって、意思決定を第三者に委ねるのを好まず、自らが完全に納得するまでGOサインを出さないこと。だから、納得するまで粘り強く対応する必要があります。また、1案だけ示すと難航するケースが多いので、選択肢を示したうえで「選んでもらう」ようにしたほうがいいでしょう。

また、時間が余ったからといって世間話をするのはNG。用件が済んだら、速やかに立ち去るほうが好感を持たれます。

「独創型」には自由に話してもらう

第三に、「相手と目を合わせる」「生き生きと話す(声に抑揚がある)」という行動特性をもつ上司は、「独創型」です。このタイプの上司は、非常にエネルギッシュでアイデアも豊富で社交的。新規事業などを担当するのは向いていますが、飽きっぽいところもあり、プロジェクトが途中で頓挫してしまうこともあります。

このタイプは、「論理型」や「堅実型」とは違って、複雑な話やデータの説明ばかりするとイヤがられますし、たくさんの選択肢を与えすぎると面倒くさがられますので、2案に絞ったほうがいいでしょう。あるいは、相手にある程度自由に話してもらって、そこから彼が気にしている「判断ポイント」を見つけ出して、その一点に訴えることに集中するといいでしょう。

最後に、「話すスピードが遅い」「笑顔が多い」という行動特性をもつ上司は、「感覚型」と判断できます。自分が話すよりも、相手の話をよく聞く「聞き上手」なタイプで、笑顔でコミュニケーションを潤滑(じゅんかつ)にしようとするところは「論理重視」というよりも「感覚重視」と言えるでしょう。
　このタイプの上司は、周囲とうまくやっていきたいという願望をもっているので、非常に協調性があります。気配りもうまいので、あまり敵をつくらないタイプでもあります。ですから、あまり論理的にクールなコミュニケーションを取るよりも、相手とのコミュニケーションを楽しむ余裕をもって臨んだほうがいいでしょう。早口でまくしたてるのを嫌いますから、丁寧に話すことも心がけてください。
　意思決定を仰ぐ場面では、他部署の了解も得られていることを重視しますので、その点のアピールを忘れないようにしてください。さらに、提案する事業が社会的に意義があることが決断を強く後押ししてくれるので、このポイントも訴えるといいでしょう。

　以上、あえてシンプルなかたちで上司をタイプ分けして、対応策をお伝えしてきました。もちろん、相手は人間ですから、そのときの気分や体調、職場でのポジションなどによって異なる場合は多々あります。あくまでひとつの目安としてご活用いただきたいと思います。
　とにかく重要なのは、上司とのコミュニケーションは「相手に合わせる」という一点です。相手の特性をよく観察して、それぞれの特性に合わせたコミュニケーションを続ければ、必ず信頼を勝ち得、最速で意思決定を勝ち取る術を身につけることができるはずです。

LESSON 28

部の定例会議で「存在感」をつくる

遠慮はするな、謙虚であれ

　課長クラスのマネジャーにとって、部の定例会議は非常に重要なものです。比較的「軽い案件」であれば、部長との1 on 1 ミーティングでGOサインを得ることができますが、部全体にある程度のインパクトを与えるような案件であれば、部の定例会議においてプレゼンをして意思決定を勝ち取る必要があります

　そのためには、部長からの信頼はもちろん、他の課長からの信頼も勝ち得ておく必要があります。言い方を換えると、同列の課長のなかで軽んじられたらアウト。一定の「存在感」を発揮しなければならないのです。そこで、部の定例会議における振る舞い方に注意が必要。ここでは、その基本的なスタンスについてお伝えしたいと思います。

　念のために言い添えますが、他の課長から信頼を勝ち取るためには、自分のチームの運営を堅実に進めるとともに、他の課長たちの立場を考慮したうえで、随時、協力したり、相談に応じたりすることが欠かせません。常に誠実に対応するのが基本中の基本です。そのうえで、部の定例会議で【図28-1】のポイントを意識するとよいでしょう。

　まず第一の鉄則は、「遠慮はするな、謙虚であれ」です。
　特に、新任課長の場合には、先輩格の課長たちに囲まれると、つい気遅れしてしまいがちですが、いつまでも「私は課長になったばかりなので発言を

図28-1　部の定例会議で意識する「3つのポイント」

1	**遠慮はするな、謙虚であれ**	・先輩課長と対等な存在である自覚をもつ
		・物怖じせず率直に話す
2	**求められたことに回答する**	・コミュニケーションの主導権をもつ部長の邪魔をしない
		・ロジカルかつ的確に回答する
3	**数字を正確に伝える**	・自分の担当領域の「数字」は細かく正確に伝える
		・現場の情報も常に収集しておく

控えます」などと言うのはNG。先輩に対する敬意は必要ですが、「課長職」という役割を果たすうえでは、並列の立場にあることを忘れてはなりません。妙な"遠慮"は、課長職としての自覚を疑われるだけ。チームを任されたマネジャーとして、言うべきことははっきりと物怖じせずに発言することが不可欠です。

　もちろん、言うまでもないことですが、我を押し出すのがいいわけではありません。謙虚であることは必須です。そもそも、部の定例会議におけるコミュニケーションの主導権は部長が握りますから、部長の発言に応じる形で発言するのが基本。そして、何かを尋ねられたときには、求められたことに対して、ロジカルかつ的確に回答する。このときに、妙な遠慮をせず、率直に話すことが重要なのです。

　なお、これは自分の部下にも徹底します。チーム内のあらゆる会議、あらゆる場面で「遠慮はするな、謙虚であれ」という姿勢を当然のこととして求

める。これも、チーム内の会議を活性化するうえでも、部下を育成するうえでも非常に重要なポイントなのです。

メンバーから入手する「現場情報」が武器

　また、この場で大切なのは「数字」です。

　特に、自分のチームが担当している領域に関する「数字」について、あやふやな答えをすることは許されません。その瞬間に、「真剣に仕事に取り組んでいるのか？」などと疑念を抱かれてしまいますから、常に「数字」はしっかりと頭に叩きこんでおくことが求められます。また、チームの業績に関する「数字」については、部の定例会議の前に最新情報で確認しておくといいでしょう。

　もちろん、「数字」だけではありません。自分のチームのメンバーが日々直面している現場の情報も、求められたときに即座に答えられなければなりません。そのためにも、日々の1on1ミーティングを大事にする必要があります。そして、メンバーからの信頼を勝ち得ることで、"一歩踏み込んだ"現場の情報を入手できるように努力してください。

　こうした対応ができれば、「この新任課長は言うことが本質をついているな」「積極的に発言しているな」「胆力があるな。将来有望だ」と部長や他の課長から好感をもってもらえるはずです。

　実際、私が部長職に昇進したのち、この3点を押さえている課長に対する信頼度は高いものがありました。私が、詳細を知らない案件について、その場で瞬時に詳細情報を教えてくれる。萎縮することなく、「会社のため」「部のため」という意識のもと、忌憚なく自分の意見を話してくれる。そんな部下が、「同志」のように感じられ、とても頼もしく思えたものです。

　部の定例会議のみならず上層部の会議は、マネジャーにとってセルフ・プロモーションの場でもありますから、このような印象をもってもらえるように意識をして臨むことをおすすめします。

プレゼンは「駆け抜ける」

次に、部の定例会議で、自分のチームの事業提案についてプレゼンするときのポイントをご説明します。

私が鉄則としていたのは「駆け抜ける」ということです。3～5分でできる限り短くプレゼンをして、部長のGOサインを勝ち取るのです。そのために最も重要なのはプレゼン資料をしっかりとつくり込むこと。シンプルかつロジカルで、部長や他の課長の質問に応えうる、万全のアペンディックスを準備できれば、必ず「駆け抜ける」ことができます。

上層部に対するプレゼンの資料作成法については、『社内プレゼンの資料作成術』(ダイヤモンド社)で詳しくご説明していますが、本書で紹介した「1枚の提案書サマリー＋アペンディックス」をきちんとつくっておけば、それほど労力をかけずとも出来上がります(メンバーの育成に繋がりますから、彼らに任せてもいいでしょう)。

もちろん、はじめのうちは、部長や他の課長からの質問(ツッコミ)が相次いで、「駆け抜ける」ことが難しいこともありますが、それも勉強のうち。「どのような質問がされるのか?」を把握することができれば、以後、それをチーム内のディスカッションにも反映させることで、より精度の高い提案内容にすることができるようになるでしょう。

そして、部長や他の課長からの質問を打ち返せるようになれば、だんだんとツッコまれることが減ってきます。何を質問しても、的確な回答が返ってくるのですから、「彼の提案はまず問題がない」と信頼してくれるようになるからです。こうなれば、こっちのもの。一気に駆け抜けて終了、というパターンが定例のようになっていくのです。

他の課長のプレゼンは「ロジカルに傾聴」する

一方、他の課長がプレゼンをしているときには、私は「ロジカルに傾聴」

することを意識していました。「ロジカルに傾聴」とは、プレゼンに耳を傾けながら、【図23-1】（143ページ）でご紹介した、「それは事実か？」「なぜ、そうなのか？」「論理的に正しいか？」「意思決定できるか？」の4つの観点で質問を考えること。要するに、「部長が意思決定するうえで必要な条件が揃っているか？」という問題意識をもちながら傾聴するということです。「部長の視座」で他の課長のプレゼンを聞くと言ってもいいでしょう。

　おそらく、プレゼンが終わったら、部長が気になる点について質問を投げかけるでしょう。この時に、自分が部長だったらどんな質問を投げかけるかを考えます。そうすることで、部長の質問と自分の考えを比較することで自分の視座の高低を測るのです。そして、部長の質問が一段落したところで、意思決定において最も重要だと思われるポイントについて、一点に絞って質問をするようにしていました。

　当たり前のことですが、これは他の課長のプレゼンの"アラ"を探すということではありません。あくまで、その提案がGOサインを得るために確認すべきことを質問するわけです。だから、いくつかの質問があったとしても、それを矢継ぎ早に聞くようなことはすべきではありません。相手を精神的に"追い込む"ことになりかねないからです。

　ただ、たった一つの質問であっても、その視点が鋭くて、意思決定を大きく左右するようなポイントを突いていれば、非常に効果的です。なぜなら、部長の意思決定を大きく後押しすることになるからです。意思決定者は常に緊張を強いられますから、的確なサポートを得られるととても助かるのです。そして、そんな質問をしてくれる部下に対する信頼感を厚くしてくれるに違いありません。

LESSON 29

会議で部下の「プロモーション」をする

「部下プロモーション」で生産性が上がる

　Lesson28で部の定例会議は、マネジャー自身のセルフ・プロモーションの場でもあるとお伝えしました。しかし、それだけにとどまりません。より重要なこととして、部下のプロモーションの場であることを、しっかり認識する必要があります。

　このプロモーションを地道に続けることによって、上層部からの評価を得た部下たちが自信を深めてくれれば、チームの生産性は自然と向上します。モチベーションを高めた部下たちが、より一層、仕事に熱を込めてくれますから当然のこと。上層部の会議で、部下やチームのプロモーションを行わない手はないのです。

　では、そのためにはどうすればいいのでしょうか？
　まず第一に、部の定例会議において、ポジティブな評価が得られる局面で、担当者の名前を伝えることです。あるプロジェクトの実績が上がったことを報告するのであれば、必ず、担当者の名前を伝える。あるいは、あなたがプレゼンして一発OKを勝ち取った提案について、「○○さんの企画です。最近、めきめき力をつけているんです」などとさりげなく付け加えるのです。「さりげなく」というのが重要です。あまりわざとらしくなると、白々しいものです。聞き流されるくらいでも構いません。それよりも重要なのは、ことあるごとに繰り返すことです。そんな機会が積み重なることによって、部

長や他の課長の心のなかに、自然と部下に対する高評価が刷り込まれていきます。反復連打が、部下プロモーションにはきわめて有効なのです。

会議は絶好の「部下育成の場」である

なかでも、自分の後任候補と目される部下は、部の定例会議に同席させるのが効果的です。そこで経験を積んでもらうことで、後任候補として上層部にプロモーションするとともに、その部下の育成にもつながるからです。

その機会をつくるのは簡単です。その部下が中心となってまとめた提案をプレゼンするときに、同席させればよいのです。その提案について最も詳しいのは彼以外にいませんから、部長も拒否する理由がありません。

そして、部下には、「遠慮はするな、謙虚であれ」という姿勢に徹するように伝えます。「どのような会議であっても、それが当たり前だ」と念を押すのです。

もちろん、最初から、彼にプレゼンさせる必要はありません。まずは、あなたが、どのような準備をして、どのようにプレゼンをして、質疑にどのように回答して、どのようにGOサインを勝ち取るのかを見せます。実際にやってみせることで、部下にロールモデルを提供することに徹するのです。

そして、徐々に、部下の役割を増やしていきます。まずは、プレゼン資料の準備をさせる。次に、プレゼン内容についての質疑応答の際に、できるだけ部下に応えてもらうようにする。最後に、実際にプレゼンまで彼にやらせるというふうに、ステップを踏んでいくのです。

もちろん、そのプロセスでは失敗の連続です。言わなくてもいいことを口にしてしまったり、誤った情報を伝えてしまったり、過去の過失について口を滑らせて"地雷"を踏んでしまったり……。

しかし、それも重要な経験。通過儀礼のようなものです。致命傷にならな

い程度にフォローしてあげていれば、その失敗から多くのことを学んでくれるはずです。

ときには、意識して部下を褒める必要もあるでしょう。ここで、私が意識したのは「成長」を褒める、ということです。というのは、プレゼンの技術は一朝一夕でアップすることはないため、そのクオリティを褒めるのが難しいからです。

そこで、「前回できなかった〇〇ができるようになったね。これは素晴らしいことだよ。次回は、さらに△△を意識してみてほしい」などと褒めながら、ネクストステップを示すわけです。失敗して落ち込んでいる部下も、褒められたことで気持ちが上向き、ネクストステップを提示されたことで目標意識をもってもらうことができます。こうして、ステップ・バイ・ステップで成長してもらえばいいのです。

太平洋戦争時に連合艦隊司令長官を務めた山本五十六の「やってみせ、言って聞かせて、させてみて、ほめてやらねば、人は動かじ」という有名な言葉がありますが、これは真理です。私なりに、これに徹することで、たしかに部下は成長してくれたのです。

部下の成長が「自分のキャリア」を拓く

実は、この「成長プロセス」を部長に見せることに大きな意味があります。

というのは、課長クラス以上の昇格基準は、実績もさることながら、後継者を育成できているかどうかが非常に重要なポイントになるからです。つまり、失敗続きだった部下の成長を部長に印象づけることができれば、「彼も成長したな。君の後任にしても務まりそうだな」と思ってもらうことができるのです。

重要なのは、そのように思ってもらうのには、それなりの時間がかかるということです。定期的な組織変更や昇格人事の時期が迫ってくると、次期ポストの話がちらほら出てくるものですが、その時期になって慌ててアクショ

ンを起こしても手遅れ。平時から、部下のプロモーションを地道に続けておくことによって、昇格の下地をつくっておかなければならないのです。

　もしも、あなたが社内でのキャリアアップを願っているならば、ぜひ、この現実を認識しておくべきです。常に、部下の成長を促し、その成長プロセスを上司に目の当たりにしてもらう。その場として「会議」はきわめて有効なのです。

　しかも、冒頭で述べたように、部下のプロモーションを行うことでチームの生産性も上がりますから、マネジャーとしての「実績」も手に入る。まさに、一石二鳥なのです。「会議で部下を育成する」。この認識をもつことが、あなたのキャリアを切り拓くのです。

LESSON 30

「チーム・プロモーション」の最も効果的な方法

定期的に「アウトプット」を出し続ける

　Lesson29でお伝えしたとおり、部の定例会議において部下のプロモーションを行うことは非常に大切なことですが、さらに、チームそのもののプロモーションも意識しておく必要があります。上層部の評価を勝ち得る部下を増やすことができれば、それだけでもチームの評価は高まりますが、それにプラスしてチームそのものの価値を高めるための工夫をするのです。

　そのために意識しなければならないのは、部の定例会議で定期的に質の高いアウトプットを提示し続けることです。質の高いアウトプットを示すのは当然大切ですが、それを「定期的に出し続ける」ことが重要です。私は、毎月何かアウトプットを示せるようにすることを常に意識しながらチームをマネジメントしていました。
「花壇」のようなものです。素敵な花壇は、いろんな種類の花が季節ごとに咲いています。花が枯れている時期があってはならないのです。チームも同じで、いろんなメンバーがいろんな花を咲かせていくことによって、「このチームはよく機能している」という評価を勝ち得ることができるのです。

「チームの動き」を長期スパンで俯瞰する

　ですから、マネジャーは常に、チームの動きを長いスパンで俯瞰するポジションに立たなければなりません。

メンバーには目の前の仕事に全力を投入してもらうのが生産性を上げるためには必要ですが、マネジャーまで目の前のことだけに囚われていては、「チームとして定期的にアウトプットを出し続ける」ことはできません。チーム全体の動きを、最低でも1年、できれば3年くらいのスパンで俯瞰して、適切にコントロールしていく必要があります。それこそ、マネジメントなのです。

　具体的には、年間カレンダーを並べて、次のような問題意識をもちながら、チームの動きをシミュレーションするといいでしょう。
「いま、どのメンバーがどんなプロジェクトを動かしているか？」
「そのアウトプットはいつまでに出さなければならないのか？」
「そのプロジェクトは順調に進んでいるか？」
「これから発生しそうなプロジェクトは何か？」
「それは、誰に担当してもらえばいいか？」……。
　そして、ざっくりと「毎月、チームとしてアウトプットを出せる」ようなスケジュールを組んでみるのです（図30−1）。

スケジュールに「余白」をもつ

　このときに使えるのが、【図7−2】（54ページ）のマトリクスです。「**❶重要度が高く、納期が短い**」「**❷重要度が低く、納期が短い**」に該当する優先度の高いプロジェクトからスケジュールを固めていきます。
　重要なのは、「**❸重要度が高く、納期が長い**」の象限に入るような案件。これは、現時点では優先度は高くありませんが、将来的なチームのプロモーションにとっては大きな意味をもちます。「重要度の高い」案件が定期的にアウトプットできていることのインパクトが大きいからです。ですから、担当者からしっかり情報を得て、実現可能性を確認したうえでスケジュールを固めます。

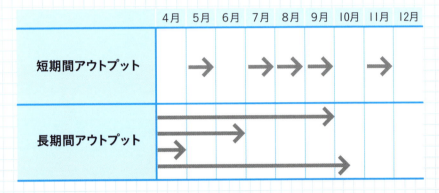

また、ここでマネジャーに問われるのが、「上層部の動向を把握しているか？」ということです。日頃から、直属の上司や社内キーパーソンから情報を得て、上層部がこれから動かそうとしているプロジェクトを把握できていれば、その影響で自分のチームに新たな案件が降りてくるかもしれない、と想定することができます。

もちろん、あくまで想定ですから、実際にどうなるかはわかりませんが、そうした将来的に発生するプロジェクトも意識して、定期的にアウトプットを出し続けるための長期的なスケジュール感をイメージしておくことが大切です。

ただし、スケジュールを埋め尽くしてはいけません。必ず、若干の「余白」を設けておくことを忘れてはなりません。なぜなら、企業活動においては、常に「緊急案件」「突発案件」が発生するからです。こうした状況に即応してアウトプットを出すこともインパクトをもちますから、そのための「余白」

をもっておいたほうがいいのです。

あるいは、チームに余力のある時期に、「どの部署も手を差し伸べなかった案件」や「地味な案件だけど、実施すれば社内で感謝される案件」などを引き受けることもできます。これができれば、上層部からのチームに対する評価は大きく向上するでしょう。

「先を見通す力」がマネジャーを強くする

そして、このような長期的なスケジュール感を頭の中にもちながら、メンバーにプロジェクトを分担。彼らにも「チームとして定期的にアウトプットを出し続ける」ことを意識してもらいながら、それぞれのプロジェクトを動かしてもらいます。

その際には、メンバーに過重な負荷がかかったり、特定のメンバーに比重が偏ったりしないように十分に注意を払います。たとえば、「重要度が高い」案件は、実力のあるベテランに担当してもらうのが安心ですが、それだけではバランスに偏りが生じますし、若手から成長するチャンスを奪うことになります。そこで、若手に「重要度が高く、納期が長い」案件を任せて、マネジャーがサポートしながらプロジェクトを進めていくといった工夫をするわけです。

そして、チームの定例会議などでチーム活動の進捗管理を行うわけですが、現場では常に想定外の事態に遭遇しますから、「長期的スケジュール」のイメージどおりにいくことはありえません。随時修正を加えながら、「定期的にアウトプットを出し続ける」ために帳尻を合わせていくのが現実と考えておくべきです。

しかし、"場当たり的"にチームを動かしていても、定期的にアウトプットを出し続けることは絶対に不可能。突発案件に対応することも難しく、結果としてメンバーに過度な負担をかける局面を招いてしまうでしょう。そのようなことを避けるためにも、マネジャーは常に長期的なスケジュールを想

定しておくことが大切なのです。

後任候補に仕事を任せて「身軽」になる

　こうして、「定期的にアウトプットを出し続ける」ことができるようになってくると、チームの評価が向上してきますから、さらにチームの事業提案が上層部から一発でGOサインをもらう確率も上がっていきます。チームのモチベーションも高まりますから、生産性も格段に上がっていくでしょう。

　ここで大切なのは、部長に成長を印象づけた「後任候補」の部下に仕事を手渡していくことです。もちろん、職制上の責任者はマネジャー以外にありませんが、実質的にいくつかのプロジェクトの管理を彼に任せてしまうのです。そして、マネジャー自身が「身軽」になることが、非常に重要なのです。

　というのは、そうなると部長が放っておかないからです。「君は余裕がありそうだな……」と、有望な新規プロジェクトを上層部から引っ張ってきてくれるようになるのです。もちろん、「予算と人員」もセット。こうして、チームの増強を図ることができるわけです。

　そして、新規プロジェクトでも質の高いアウトプットを出せるようになると、状況は激変していきます。まず、他部署のやる気のある若手が「前田さんのところに行けば面白い仕事ができる」と、私のチームに異動願いを出してくれるようになりますから、雪だるま式にチームが強化されていきます。

　さらに、会社にとって重要な新規プロジェクトを成功させたことにより、上層部の評価を勝ち得た上司が出世。それにともない、私も新たなステージに引き上げていただくことができたのです。

LESSON 31

「経営会議」では上司のフォローに徹する

経営会議に同席するチャンスのつくり方

　課長クラスのマネジャーが、経営会議に同席する機会はめったにありませんが、そのチャンスをつくることができれば非常に大きなアドバンテージを手にすることができます。ですから、常に「そのチャンスはないか？」と頭の片隅にアンテナを張っておく必要があります。

　最も可能性が高いのは、直属の上司である部長が経営会議でプレゼンをするときに、同席を命じられることです。そのためには、自分のチームに「重要度の高いプロジェクト」が任されるか、チームがそのようなプロジェクトを提案する必要があります。つまり、Lesson30でご説明したように、チームそのものの評価を高めておく必要があるのです。

　逆に言えば、重要度の高いプロジェクトを担当できるチームにすることができれば、経営会議に同席するチャンスを獲得しやすいということ。なぜなら、部長が経営陣にプレゼンするとしても、プレゼン内容の詳細まですべてを部長が把握することは難しいからです。だからこそ、提案を練り上げてきた現場の代表として、課長クラスのマネジャーを同席させて、経営陣からの質問に対応できるようにしたいわけです。

　ただし、それだけの理由で同席させるわけではないことに注意が必要です。部長が経営会議に同席させるのは、次の部長候補として引き立てておきたいという意図があります。ですから、経営会議への同席を命じられたときは、その重みを深く認識したうえで、慎重のうえにも慎重に準備を整える必

要があります。

「プレゼン資料」に万全を期す

　私も、ソフトバンク時代に、何度もこのような形で経営会議に同席するチャンスを手にすることができました。

　ここで重要なのは、プレゼン資料をじっくりとつくり込むことです。もちろん、チーム内の会議に提出された「１枚のサマリー＋アペンディックス」があれば、経営会議用の社内プレゼン資料の骨子は簡単にできますが、経営陣からは、現場が思いも寄らないような角度から鋭い質問が飛んできますから、どんな質問に対しても打ち返せるようにアペンディックスに万全を期す必要があるのです（詳しくは『社内プレゼンの資料作成術』をご参照ください）。

　そのために、私は、改めて担当者たちとコミュニケーションを取りながら、現場が把握している一次情報の確認・収集を行い、アペンディックスの充実を図りました。そのうえで、部内でプレゼンの予行演習を実施。関係者からの指摘を受けて、プレゼン資料をブラッシュアップしていくわけです。

　このときに最も効果的なのは、経営会議でプレゼンする部長本人に予行演習に同席していただいて、経営陣になったつもりで質問を投げかけてもらうことです。部内で経営陣がどのような質問をするかを最も知っているのは部長ですから、効果的なのは当然のことでしょう。

　さらに、ソフトバンクの経営会議は、大きなスクリーンにプレゼン資料を投影しながら行われますので、私は、必ず事前に、経営会議の会場のスクリーンに実際に映し出して最終チェックをしました。万一、機器との相性の問題などで、本番で失敗するリスクをゼロにしたかったからです。

「課長に求められている役割」に徹する

　そして、経営会議では部長のフォローに徹します。

ここでも「遠慮はするな、謙虚であれ」が基本姿勢ですが、もちろん、求められたとき以外は一切口は開かないのは当然のことです。とにかく、部長が無事にプレゼンを終えて、質疑応答でもアタフタするような事態を招かないように、細心の注意を払うのです。

　部長のプレゼンのスピードに合わせて、ベストタイミングで画面を切り替える。経営陣から「この数字の詳細データを見せてほしい」と言われたら、即座に該当するアペンディックスを投影する……。いわば、黒子に徹するわけです。

　ただし、常に、質疑応答の推移には耳を傾けておかなければなりません。なにせ、孫正義社長をはじめ切れ者の経営陣が居並ぶ会議です。部長も思わずたじろぐような角度から質問が飛んでくるからです。もしも、部長が即答できないようであれば、出番です。すぐさま、現場の責任者であるマネジャーとして、知りえている情報をもとに回答をします。

　もちろん、長く話してはいけません。

　回答はロジカルかつ端的が鉄則。そして、課長クラスのマネジャーに求められていることをしっかり認識して、その範囲で回答することに徹します。課長に求められていることとは、「生々しい現場の情報」以外にありません。経営陣はどうしても現場から距離がありますから、「生々しい現場の情報」を知りたがっています。それを伝えるのが、課長に求められていることなのです。

経営陣に生々しい「現場の情報」を伝える

　現場の情報を伝えるときには、次の２点に留意します。
①リアリティのある具体的な数字を定量的に示す。
②定性的な要素であっても、ロジカルかつシンプルに説明する。

　この２点です。これができるかどうかは、結局のところ、日ごろのミー

ティングや会議で、どれだけ現場のメンバーたちと意思疎通できているかにかかっています。その意味では、マネジャーの真の力量が問われる局面と言ってもいいかもしれません。

　注意が必要なのは、現場の一次情報は往々にして情報過多になりやすいことです。たとえば、細かいデータをエクセルシートにみっちりとデータが並んだ生データを経営陣に見せても、読み解くのに一苦労ですから、不快がられるだけです。

　ですから、アペンディックスは要点が一目でわかるようにデータを簡易加工しておく必要があります（詳しくは『社内プレゼンの資料作成術』参照）。口頭で伝えるときも、細かい数字を長々と述べるのではなく、経営陣が求めている数字を端的に答えるようにしてください。そのためには、準備の段階で各種データをしっかり読み込んで、要点を把握しておく努力が不可欠なのです。

　とはいえ、ここまで念入りに準備をしても、課長にとって経営会議は極度の緊張を強いられる場です。私も、慣れないうちは、経営陣からの質問に曖昧な回答しかできずに、その瞬間に差し戻しを食らうなど、何度も失敗をしたものです。

　しかし、それも経験。挫けずにチャレンジを続ければ、部長は新たなチャンスを与えてくれます。そして、経営会議でGOサインを得るためには何が必要なのかが少しずつ身体に刻まれていきます。そして、経営会議で上層部に一定の認知をしてもらえるようになれば、自身の可能性が大きく拓いていくのです。

LESSON 32

「経営会議」で体得すべき3つのポイント

経営会議で最大限に「視座」を高める

　Lesson31でご説明したように、課長クラスのマネジャーが経営会議に同席するチャンスをつかむのは、チームのためにも、メンバーのためにも、そして自身のキャリアのためにも非常に重要なことです。そして、このチャンスは、ジッと待っていても訪れることはありません。遠慮せず謙虚にチャンスをつかみにいかなければならないのです。

　このチャンスがもたらしてくれる「学び」には絶大なものがあります。一言でいうと、「視座」を最大限に引き上げてくれるのです。もちろん、「視座」を高める努力は日頃から不可欠です。自分が担当する現場のチームのことだけを考えるのではなく、部長の視点でモノを考えるクセをつける。企業理念・経営戦略を咀嚼して、経営層の視点を自分なりにシミュレーションしてみる。そのような努力によって、組織のなかでより適切なアクションを起こすことができるようになるのです。

　しかし、その「視座」を高める最大のチャンスは、経営会議に同席することをおいてほかにはありません。会社における最高意思決定の場に身を置くことでしか学べないことがたくさんあるからです。特に、自らの「視座」を高めるために意識すべきなのは、【図32−1】の3つのポイントです。順にご説明していきます。

図32-1　経営会議で観察すべき3つのポイント

1	トップの意識が どこを向いているか	・トップの発言、仕草などから総合的に「どこをめざしているのか？」をつかむ
2	社内政治	・部署間の力関係
		・役員同士の人間関係
3	意思決定のポイント	・採決を決するポイントは何か？
		・どのようなプレゼンが評価されるのか？

トップの意識がどこを向いているか？

　まず第一に、トップの意識がどこを向いているかを観察します。課長クラスであれば、年度初めなどに行われる全社集会のトップスピーチや、経営計画書などからトップが考えていることを吸収するのが基本となりますが、経営会議の場でトップを間近に観察することで得られる情報量は桁違いです。社内の最も重要な案件について意思決定する場である経営会議で、トップがどのように振る舞うかを直接観察できるのですから当然のことです。

　すべてはトップの一挙手一投足から読み取ることができます。経営会議では、さまざまな部署から事業提案がなされますが、トップが重要視している領域の提案とそうではない領域の提案では"食いつき"が違います。あるいは、不振をかこっている部署には厳しい発言を投げつける一方で、実績を上げつつある部署には笑顔を見せることもあります。

こうしたトップの一挙手一投足から、「この会社はどこに向かおうとしているのか？」「どの部署が花形になっていくのか？」が見えてくるのです。そして、会社がその方向性に向かっていくことに、自分のチームがどう貢献できるかと考えることが、「視座」を大きく高めてくれるのです。

「社内政治」の動向を把握する

第二に、社内政治です。

よくも悪くも、どんな組織にも必ず社内政治があります。派閥争い、出世争いが激しい組織は当然ですが、そうでなくても、企業は部署間の「競争」という仕組みを設けることで、お互いに切磋琢磨しながら事業目的の最大化をめざすために、部署間の"駆け引き"が生じる運命にあると言えます。

そして、課長クラスのマネジャーは、こうした社内政治の動向をリアルに感じ取っておかなければ、上層部の意思決定を勝ち取るうえで"地雷"を踏みかねないという認識をもつ必要があります。

Lesson33でご説明しますが、上層部の会議で意思決定をしてもらうためには、その提案に関係する部署の理解を得ておく必要があるからです。ここでミスを犯して「敵」をつくってしまえば、上層部の会議で否定的な意見が出され、差し戻しの憂き目にあう確率が高まります。そして、このプロセスで"地雷"を踏まないためには、常に、社内政治にアンテナを立てておかなければならないのです。

たとえば、自分が属する部署と「友好的な部署」から了解を得るのと、「敵対的な部署」から了解を得るのとでは、対応に大きな違いが生じます。あるいは、「この事業をやろうとしたら、あの部署はこういう反応を示すはずだ」という認識があるかないかで、ネゴシエーションの巧拙ははっきりと分かれるでしょう。

そして、そのような政治的な問題を最もダイレクトに感知できるのが経営会議です。協力的な関係性を築いている取締役同士の会話は心地よい響きが

がありますが、そうではない場合には刺々しい言葉の応酬に発展することもあります。あるいは、どの取締役の発言力が強いのか、取締役間の駆け引きをトップがどのように采配するのかなど、社内政治を感知する局面を目の当たりにすることができるのです。

もちろん、それだけで「社内政治の構図」を決めつけるのは早計ですが、日々、耳目にする政治的な動向と合わせて熟慮すれば、課長クラスであっても、かなり鮮明に「構図」を描くことができるようになるでしょう。これが、社内ネゴシエーションの力量を大きく左右するのです。

経営陣の「意思決定」のポイントは何か？

第三は、「意思決定」のポイントです。

会社の最高意思決定会議において、どのように意思決定されているのかを目の当たりにすることは、自らの提案内容のブラッシュアップをするうえで最高の学びのチャンスと言えます。

まず、観察すべきなのは、経営会議において「どのようなプレゼンが評価されるのか？」ということ。たとえば、孫正義社長は「長いプレゼン」「要領を得ないプレゼン」を露骨に嫌いました。ときには、途中でやめさせたことすらあったのですが、超多忙なのですから当然のこと。そこで、私は、すべてのプレゼンを「シンプル＋ロジカル」なものにすることを徹底しました。このように、上層部の好むプレゼン・スタイルを踏襲するのは、一発でGOサインを得るためには必要不可欠なことです。

次に観察すべきポイントは、現時点において、社内の意思決定に最も大きな影響を及ぼす要因は何かを感知することです。企業経営は、常に外部環境への対応を迫られますから、意思決定ポイントの比重も常に移り変わります。そして、現時点において最も重要な意思決定ポイントを把握していれば、自分のチームの事業提案においてそれを反映させることで採択率を高めることができるのです。

LESSON 33

「社内ネゴシエーション」で生産性を最大化する

「社内ネゴシエーション」を敬遠するのは愚か

　上層部の会議で意思決定を仰ぐ案件については、事前に関係部署の理解を得ておくことが極めて重要です。ここを疎かにすると、上層部の会議でネガティブな意見が出されて、提案を却下される恐れがあります。そして、一度、他部門に反対された提案を認めてもらうのはきわめて困難。そのような事態を招けば、上層部からも、チームのメンバーからも、マネジャーとしての信頼を損ねることになるでしょう。

　このような事態を避けるためには、社内のネゴシエーション（根回し）を徹底する以外に方法はありません。近年、「ネゴシエーションに使う時間がもったいない」「日本の悪しき習慣だ」などと否定的な見解を耳にすることが増えましたが、これは誤った認識です。

　もちろん、ネゴシエーションのために"社内接待"をするのは愚かしいことだと思いますが、あるプロジェクトを進めるうえでは、関係部署の協力を得なければなりませんし、場合によっては、ある部署に大きな負担をかけることもありますから、事前に彼らの理解を求めるプロセスは必要不可欠なのは自明のこと。むしろ、このプロセスを省くことによって、事後に大きなトラブルが発生し、その対応に追われることのほうがよほど効率が悪いと考えるべきです。

　ですから、マネジャーは常に社内ネゴシエーションを意識した言動に徹する必要があります。まず第一に、チーム内でその重要性を共通認識として確

立することが重要です。日常的な業務において、常に、「このアクションをすれば、社内にどのような影響があるだろうか？」と考える習慣をメンバーに徹底させるのです。

　そのためには、メンバーから何らかの報連相を受けたときに、その内容から他部署への影響を即座に判断し、「○○課には確認した？」「一応、○○部の耳に入れたほうがよくない？」などと注意を促すといいでしょう。必要であれば、メンバーを連れて関係部署を訪問して、相手と良好なコミュニケーションを取る姿を見せるのも効果的です。

　こうして、チーム全体が社内のさまざまな部署と信頼関係を築くことができるようになれば、Lesson20、Lesson21で紹介した「アイデア会議」や「Q&A会議」に他部署のメンバーを招くことが比較的容易にできるようになります。

　これらの会議に参加してもらうことが、社内ネゴシエーションにおいて、非常に大きな意味をもちます。その場で有意義なアイデアを提供してもらい、その部署において問題になりそうなポイントを潰すことができるのはもちろんですが、このプロセスにおいて彼らにも当事者になってもらうことができるからです。まさに一石二鳥なのです。

「返報性の法則」を意識した言動に徹する

　このような取り組みをチーム内で徹底したうえで、上層部の会議に提案をする前には、マネジャーは「念を押す」ひと手間をかけるとよいでしょう。メンバーが他部署を巻き込みながらつくりあげた提案内容について、経営会議などで意思決定にかかわる取締役などに事前に了解を得るのです。

　とはいえ、課長クラスのマネジャーが、他部署の取締役に直接アプローチするのは難しいものです。そこで重要になるのが、その取締役の意思決定に影響力をもつ課長クラスのキーパーソンとの関係性です。そのような人物と気軽にコミュニケーションが取れる関係性を構築しておけば、彼を通じて取

締役に「好意的なインプット」をしてもらうことができるからです。これができるかどうかで、上層部の会議での意思決定のあり方に雲泥の差がつくのです。

そのためには、誰がキーパーソンなのかを観察したうえで、そうした人物との関係性を構築するために日頃からアプローチを続けることが重要です。その際に意識すべきなのが「返報性の法則」です。

「返報性の法則」とは、「相手に対して何らかの価値あるものを提供することで、相手が自分に対して報いなければならないと強く感じること」です。つまり、「君の頼みは断れない」と思ってもらうということ。この意識を相手がもってくれていれば、"スジの悪い提案"でさえなければ、必ず、彼の上司である取締役に好意的なレクチャーをしてくれるはずです。これが、非常に効果的なのです。

では、どうすれば「返報性の法則」を効かすことができるか？

個人的な"貸し借り"もあるかもしれませんが、重要なのは業務上の"貸し借り"です。相手の部署で困ったことがあったときに、力になってあげる。相手の部署が実現したいことに、力を貸してあげる。その積み重ねで、「返報性の法則」を生み出すのが最も効果的です。

もちろん、そのために、自分のチームに過重な負担をかけるようなことは避けなければなりませんから、何でも相手の要望を叶えることはできませんが、できる限りの努力をする。そして、社内のキーパーソンとの「ギブ＆テイク」の関係性のネットワークをできるだけ広く張り巡らせることが、マネジャーの重要な仕事なのです。

LESSON 34

"会議ジプシー"に ならない方法

「タスクブロック」で自分の時間を確保する

　ここまでご説明してきたように、課長クラスのマネジャーにとって、会議のマネジメントは非常に重要なスキルです。チーム内の１on１ミーティング、少人数ミーティング、定例会議、部の定例会議、経営会議など、社内に存在する数多くの会議に対して適切な対応を取ることが、マネジャーとしての成果に大きく影響するのです。

　重要なのは、これらの会議を自らコントロールすることです。間違っても、朝からひらすら会議をハシゴして時間を費やす"会議ジプシー"に陥ってはなりません。

　プレイングマネジャーであれば、なおさらです。会議に忙殺されて、夕方になってようやく自分の仕事にとりかかろうとしたら、部下から矢継ぎ早に相談を持ちかけられる。あるいは、突発的なトラブルへの対応に追い回される。そして、結局、仕事を家に持ち帰る……。これでは、ただただ消耗するだけです。そこで、ここでは"会議ジプシー"にならない方法をお伝えしたいと思います。

　まず第一に、「タスクブロック」です。
　近年は、Googleカレンダーで各自のスケジュールを共有している職場が増えていますが、この管理を適切に行う必要があります。なぜなら、「空いている」と思われれば、部下が好き放題にミーティングのアポイントを入れ

てきますし、他部署の会議に呼ばれる機会も増えるでしょう。

　もちろん、これらのミーティング・会議にフットワーク軽く参加することは大切なのですが、主導権を相手に握られてしまえば振り回されるばかりになってしまいます。ですから、あらかじめGoogleカレンダーに「自分のタスクのための時間」をブロックしてしまうのです。

　Lesson 4 でも触れたように、1 on 1 ミーティングや少人数ミーティングを活性化するために、自席にいる時間はできるだけ多くするようにしますが、絶対に誰にも邪魔されたくない「ブロックタイム」は、社内の会議室や社外のスペースで集中して仕事をすることもありました。

　こうして、「タスクブロック」をしておくことで副次的なメリットも生まれます。というのは、突発的な案件が発生したときに、その時間を活用することができるからです。自分のスケジュールのなかに「余白」を埋め込んでおく、と言ってもいいでしょう。これは、非常に効果的ですので、強くおすすめします。

「会議時間の主導権」を握る

　また、会議時間の設定もできる限り主導権を握る工夫をしてください。もちろん、上司や上層部が主催する会議では不可能ですが、他部署との緊急ミーティングが必要になったような局面では重要なポイントです。

　方法は簡単です。先手を打って、時間を指定してしまうのです。こちらから他部署に依頼する場合には、自分にとって都合のよい日時候補を2〜3伝えて選んでもらうようにする。先方から依頼があった場合には、こちらは「依頼される側」でもあるので、先方が提示した日時が望ましくなければ、逆提示をするのです。

　常にこちらの都合を優先することはできませんが、「会議時間の主導権」を握る意識は強くもっておいたほうがいいでしょう。自分にとって重要度の低いミーティングであれば、場合によってはスキップしても構いません。事

後の結論を伝えてもらうようにして、万一問題があれば、そのときにしかるべきアクションを起こせばいいのです。

「出ない会議」を見極める

次に、「出る会議」と「出ない会議」を見極めるのも非常に有効です。招集されるすべての会議に出ていれば、"会議ジプシー"と化すのは当然ですから、重要度の低い会議は「出ない」と決めてしまうのです。

見極めのポイントはシンプルです。

【出る会議】自分の存在によって意思決定に影響のある会議
【出ない会議】報告を聞くだけなど、重要な意見を求められない会議

こうして、「出ない会議」を決めてしまえば、それだけでかなり身軽になります。社内的に参加が義務づけられている会議に「出ない」という判断をするのは難しいと考える人もいるでしょうが、そのような会議には部下に代理出席してもらえばいいのです。

これが、部下にとっても大きなメリットをもたらします。まず、他部署のメンバーも参加する会議に顔を出すことで、社内ネットワークを広げることもできますし、そこで生まれるコミュニケーションから多くの学びを得ることができます。

また、その会議の内容をマネジャーに報告する必要がありますから、そこで「報連相スキル」の向上も期待できるでしょう。さらに、その部下に代理出席させるということは、マネジャーが「信頼できる部下である」と社内にPRすることにもつながります。つまり、彼のプロモーションにもなるわけです。

それでも、本人の出席が求められる場合もありますが、その場合には、「時

短出席」をおすすめします。最初から、「会議には冒頭の30分しか出られないのですが、それでもよいですか？」と打診するのです。そのように申し出れば、会議の前半に自分にかかわりのある案件をもってきてくれるなど配慮を示してくれるはずです。

　もちろん、毎回「時短出席」していると人間関係に波風が立ちますが、適度に用いる分には非難されることはありません。「ここぞ」というときには、「時短出席」という切り札を使えばいいでしょう。

　また、重要性の低い会議については、「時間を削る」「回数を削る」「人数を削る」「資料を削る」ことを主催者と相談して、できる限り会議のコスト・パフォーマンスを高める提案をしてもいいでしょう。その会議を行う目的を最小の投資で果たせるのであれば、主催者も耳を傾けてくれる可能性はあると思います。それが、組織に貢献するということだと私は思います。

　とにかく、人生においても仕事においても、最も貴重なリソースは「時間」であることを絶対に忘れてはなりません。すべての人間に平等に与えられた「24時間」を、何に投資するのかを厳しく管理しなければ、疲弊するばかりで生産性は上がりません。

　特に、それ自体は「1円」も生み出さない会議には、最も厳しいタイム・マネジメントを課すべきです。私たちの人生に、ムダな会議で消耗するような余裕はありません。"会議ジプシー"には絶対になってはならないのです。読者の皆様にも、仕事を通して自分が実現したい「価値」を生み出すために、強い意志をもって会議をマネジメントするようにしていただきたいと願っております。

おわりに
すべての根源には「志」がある

　最後までお読みくださり、ありがとうございました。
　本書には、ソフトバンクのマネジャーとして培ってきた「会議術」のエッセンスを詰め込みました。私なりに、会議術を磨くことができたのは、ひとえに、孫正義社長はじめ多くの上司・先輩方のご指導があったからこそです。改めて、ここに深く御礼を申し上げます。
　この企画は、『社内プレゼンの資料作成術』とワンセットの書籍としてスタートしたものです。『社内プレゼンの資料作成術』は、個々のビジネスパーソンが自らの提案を最短距離で採択してもらうための技術をまとめたものですが、このノウハウを社員が共有することによって、社内の意思決定プロセスを効率化することを意図した書籍でもあります。
　ただ、そのためには、個々のプレゼン術を磨くだけでは足りません。社内の会議そのものの品質を高めることとワンセットになることによって、はじめて企業の意思決定スピードが最速化され、継続的に業績を向上させるエンジンをフル回転させることができるのです。ぜひ、その観点から両書をご活用いただきたいと願っております。
　また、本書は、課長クラスのマネジャーを念頭に置いてまとめました。課長クラスは、現場の最前線と経営の意思を繋ぐきわめて重要な役割を担っています。企業の命運を握る最大のキーパーソンはもちろんトップですが、同時に、課長クラスのマネジャーが生き生きと力を発揮している組織でなければ、いかにトップが優れた戦略を打ち立てても、それを実行する組織体になることはできないでしょう。
　ところが、この役職は現場と経営の"板挟み"になることもあり、非常に難しいものでもあります。特に、近年はプレイングマネジャーにならざるを

得ないことも多く、マネジメントと現場業務の両立に苦しんでいる方も多いと思います。本書は、そんな悩める課長クラスの方々を少しでも勇気づけられればという思いで書き上げたものです。

　私も、マネジャーを務めていたころは、日々悩みが去ることはありませんでした。そのなかで、少しでもパフォーマンスを上げるために、創意工夫を繰り返しながら、「会議術」を磨き上げていきました。そして、本書でまとめたようなノウハウを身につけることができたのですが、その原動力となったのは、私なりの「志」でした。

　私は、ソフトバンクをはじめ移動体通信事業に17年間かかわってきましたが、その原点には1995年の阪神淡路大震災がありました。あのとき学生だった私は、阪神に在住の知人との連絡に腐心しましたが、なかなか繋がらなかった。そして、どんなときでも大切な人と連絡が取り合える環境が、どれほど重要なものなのかを痛感。その「思い」を実現する場所として、移動体通信事業を選んだのです。

　そして、ソフトバンクで実現したかったのは基地局の増加でした。日本中誰もが繋がるためには不可欠と考えたのです。ただ、その意思決定にかかわるためには、自分のポジションを上げなければならない。そこで、現場の仕事で結果を出し、部下を育て、彼らに仕事を任せることで、「志」を実現する場所に辿り着こうと努力しました。その結果、試行錯誤の末に、本書でまとめた「会議術」を確立することができたのです。

　ですから、皆さんにも、ぜひ、改めてご自身の「志」を確認していただきたいと願っています。そして、その「志」を純粋に追い求めていただきたいのです。その過程で、必ず、「会議術」をはじめとするスキルは磨かれていくのだと確信しています。本書が、そのささやかな伴走者になれば望外の幸せです。

2018年3月　前田鎌利

前田鎌利（まえだ・かまり）

1973年福井県生まれ。東京学芸大学卒業後、光通信に就職。2000年にジェイフォンに転職して以降、ボーダフォン、ソフトバンクモバイル株式会社（現ソフトバンク株式会社）と17年にわたり移動体通信事業に従事。2010年に孫正義社長（現会長）の後継者育成機関であるソフトバンクアカデミア第1期生に選考され第1位を獲得。孫社長に直接プレゼンして事業提案を承認されたほか、孫社長のプレゼン資料づくりにも携わった。その卓越したプレゼン力を部下に伝授するとともに、チーム内の会議も改革。超高速PDCAを回しながら、チームの生産性を倍加させて、次々とプロジェクトを成功させた。その後、その実績を評価され、ソフトバンク子会社の社外取締役をはじめ数多くのプロジェクトを任された。2013年12月にソフトバンクを退社、独立。ソフトバンク、ヤフー株式会社、大手鉄道会社などのプレゼンテーション講師を歴任するほか、UQコミュニケーションズなどで会議術の研修も実施。著書に『社内プレゼンの資料作成術』『社外プレゼンの資料作成術』（ともにダイヤモンド社）がある。

最高品質の会議術

2018年3月28日　第1刷発行
2022年5月12日　第6刷発行

著　者―――前田鎌利
発行所―――ダイヤモンド社
　　　　　〒150-8409　東京都渋谷区神宮前6-12-17
　　　　　https://www.diamond.co.jp/
　　　　　電話／03・5778・7233（編集）　03・5778・7240（販売）
装丁―――奥定泰之
本文デザイン・図版・DTP ― TYPEFACE（谷関笑子）
製作進行―――ダイヤモンド・グラフィック社
印刷―――加藤文明社
製本―――加藤製本
編集担当―――田中　泰

©2018 Kamari Maeda
ISBN 978-4-478-10054-7

落丁・乱丁本はお手数ですが小社営業局宛にお送りください。送料小社負担にてお取替えいたします。但し、古書店で購入されたものについてはお取替えできません。
無断転載・複製を禁ず
Printed in Japan